하나님 마음을 전하는 기도자

하나님 마음을 전하는 기도자

받아 적은 그분의 음성 하나님의 깊은 임재 가운데

조현주

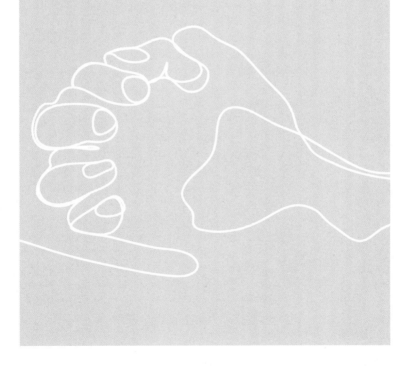

규장

나의 사랑, 나의 능력,
모든 것 위에 뛰어나신 하나님.
그 어떤 것과도 바꿀 수 없는,
그 어떤 말로도 표현할 수 없는
귀하고 소중한 나의 하나님.
사랑합니다. 감사합니다.
주님만 영광 받으세요!

주님의 사랑을 경험한 자의 깊은 깨달음

조현주 사모님과 남편 목사님은 주님을 사랑하고 주님의 사랑을 입은 귀한 종들입니다. 이들은 예수님의 마음으로 한 영혼 한 영혼의 고난과 아픔을 끌어안으며, 주님의 교훈과 갈망을 담아 섬기고 있습니다.

특히 조현주 사모님은 하나님의 음성을 전하는 기도 사역을 통해 분노와 다툼, 상처와 소망 없는 마음을 지닌 영혼들을 치유하며 새 힘을 불어넣는 귀한 사역을 감당하고 있습니다. 그 내용이 책으로 출간되다니 참 기쁘고 감사합니다.

이 책에는 두 분이 주님 앞에서 어떻게 살아왔는지, 그 삶에 주님께서 어떤 자비와 은혜를 베푸셨는지가 잘 담겨있습니다. 이들의 순전한 삶을 통해 그리스도인이 어떻게 살아야 하는지에 대한 성경적 지침을 얻을 수 있습니다. 그뿐 아니라 주님의 사랑을 경험한 자만이 말할 수 있는 깊은 깨달음이 적혀있습니다. 이 책을 읽는 모든 분에게 주님이 주시는 위로와 기쁨과 지혜가 임할 것입니다.

손석봉 담임 목사 | 하나성결교회

물 떠온 하인의 고백

예수님은 가나의 혼인 잔치에서 좋은 포도주를 마지막에 내놓으셨다. 이 첫 번째 기적을 통해 혼인 잔치에 참여한 이들에게 새로운 차원의 기쁨을 주셨다.

목회는 이 혼인 잔치와 같다. 특히 개척 목회에서는 우리의 포도주가 너무도 빨리 떨어짐을 경험한다. 혼인 잔치의 기쁨을 기대하는 소망이 희미해져 갈 때, 조현주 사모님은 예수님이 새로운 차원의 포도주를 공급하시는 분임을 알려주었다. 그녀의 예언적 은사 사역은 그리스도의 몸에 기쁨이 회복되는 귀한 선물이 되었다.

세상은 이런 기쁨의 포도주가 어디서 오는지 도무지 모른다. 그러나 돌항아리 아귀까지 물을 가득 채운 하인은 그 출처를 분명히 안다. 이 책은 물 떠온 하인의 고백이다. 이 책이 당신을 더욱 맛 좋은 포도주를 내어주시는 예수님에게로 인도해줄 것이다.

황영규 담임 목사 | 새아침브니엘교회

하나님의 생생하고 친밀한 마음을 담은 책

하나님께서는 하늘의 축복을 흘려보내는 통로로 작은 개척교회 사모를 콕 찍어서 이 책을 집필하게 하셨다. 이 안에 담긴 하나님의 마음과 소원을 우리에게 알려주시기 위함이다.

조현주 사모를 옆에서 오래도록 지켜보았다. 그녀는 긍휼이 많고 늘 주님과 동행하려 애쓰는 사람이다. 가정에서는 아내, 엄마, 며느리로, 교회에서는 사모, 반주자, 기도 사역자로, 교회 주방에서는 요리사로 몸이 부서질 정도로 섬기는 사람이다. 한 영혼이 주께 돌아오도록 몸과 마음과 시간을 아끼지 않고 헌신하는 사람이다. 이 충성된 딸의 삶을 통해 하나님은 당신의 이름을 온전히 드러내셨다.

지금도 하나님은 살아계셔서 우리에게 말씀하시고, 교훈하시고, 우리 삶을 인도하신다. 이 책을 통해 하나님께서 다양한 방식으로 일하시며 말씀하신다는 것을 알게 될 것이다. 이 책은 읽기도 쉽고, 이해도 잘되며, 재미있다. 모든 독자가 조현주 사모가 만난 사랑의 하나님을 만나고 그 친밀한 음성을 듣기를 기대한다.

심미자 은퇴전도사 | 서울제일교회

고난을 믿음으로 승리하는 여인

조현주 사모는 망망대해 위에 떠있는 배와 같았다. 많은 사람이 좌절하고 포기할 때, 그녀는 바닷속 깊은 곳에 하나님의 줄이 자신을 이끌고 있음을 믿으며 파도와 바람을 견뎌냈다. 원망과 불평 없이 오직 하나님의 음성을 구하며 끝내 육지에 도달하곤 했다.

그녀는 어떤 상황에서도 하나님과 교제의 끈을 놓치지 않는다. 주님은 그런 그녀를 하나님의 음성을 전하며 영혼을 살리는 사역자로 귀히 사용하고 계신다.

이 책은 오직 예수님만이 모든 문제의 해결자이심을 말한다.

또한 하나님께서 지금도 우리에게 말씀하시며 우리와 동행하고 계심을 생생히 증거한다.

고난 가운데 믿음으로 승리한 조현주 사모를 하나님께서 어떻게 인도하실지 기대된다. 이 책이 그 첫 번째 걸음이 아닐까 생각한다. 예수님의 풍성한 은혜와 사랑을 받으며 아름답게 피어난 수국과 같은 여인, 조현주 사모를 진심으로 응원한다.

유관정 사모 | 참빛교회

다시 일어날 용기를 북돋는 믿음의 간증들

누군가를 잘 안다고 말하는 건 쉽지 않다. 그러나 곁에서 오랜 시간을 지켜보면, 그가 한결같이 신실하고 참된 사람인지가 드러난다.

조현주 사모님과 남편 목사님은 늘 하나님을 의지하며 믿음으로 걸어왔다. 삶의 문제로 힘들었던 순간에도 그들은 세상적 방법과 수단이 아닌 오직 기도와 말씀을 붙잡고 이겨냈다. 그 눈물겨운 간증들이 이 한 권의 책에 진솔하고 세밀하게 담겼다.

이 책은 온갖 세상의 소음으로 가득한 이 시대에 오직 하나님의 음성을 듣고자 갈망했고, 그 음성만을 따르고자 분투한 믿음의 사람들의 이야기다. 상처받고 실망하며, 고통 가운데 주저앉아 있는 이들에게 다시 일어날 용기를 불어넣는 책이 되기를 소망한다.

이재연 담임 목사 | 참빛교회

영혼을 살리고 하나님께 돌이키는
개척교회 사모의 삶과 사명

조현주 사모와 십수 년간 인생길을 함께 걸어왔습니다. 어떤 상황에도 찬양과 감사를 잃지 않는 그녀를 보며 구원받은 자녀의 참된 신앙과 삶의 모습을 배웠습니다. 그녀는 하나님께 받은 소중한 은사를 경외심과 떨림으로 늘 기도하며 사용하는 사람입니다. 또한 타인을 향한 사랑과 포용, 겸손과 배려가 남다른 사람입니다.

이 책은 인생의 여러 어려움과 크고 작은 상처로 인해 고통받는 이들에게 하나님의 사랑과 위로의 음성을 전해주며 새 힘을 공급해줄 것입니다. 이 책을 통해 영혼이 살아나고 하나님께 돌아오는, 세상에서 제일 값진 일이 이루어지길 기대합니다. 끝으로 이 책의 필자이며 제 아내인 조현주 사모에게 말하고 싶습니다.

"당신은 하나님의 사랑, 하나님의 어여쁜 자입니다. 나에게도 그렇습니다."

정원식 담임 목사 | 생명빛교회

하나님의 마음을
기도로 전하는 사람

친한 지인 중에 동화작가가 있다. 내가 결혼하기 전부터 서로 기도해주며 삶을 나눠온 친구다. 하루는 그 친구로부터 전화가 왔다.

"언니가 깨달은 말씀을 글로 쓰고, 나는 그림을 그리면 좋을 것 같아요."

나는 마음에 부담이 되어 못한다고 단번에 거절했다.

시간이 지난 어느 날, 교회에서 기도하고 있는데 그동안 노트에 적어놓은 기도 내용을 책으로 내면 어떨까, 생각했다. 그래서 책 내길 권했던 친구에게 연락을 했더니 그녀가 기뻐하며 말했다.

"언니, 너무 좋은 생각이에요! 사람들이 자신이 직접 받은 기도는 아니지만, 언니의 글에 함께 위로받고 힘을 얻을 수 있을 것 같아요. 출판사 홈페이지에 들어가면 메일 주소가 나오니 거기로 보내보세요."

나는 개인의 마음과 하나님의 마음을 기도로 전달하는 기도 사역자다. 그때그때 누군가를 위해 기도해준 내용을 노트에 기록해두곤 한다.

전화를 끊고 책장에 꽂힌 기도 노트를 꺼내어 쭉 훑어보았다. 양이 꽤 됐다.

'정말 메일로 한번 보내볼까?'

나는 누구에게도 말하지 않고 그중 몇 개를 출판사 이메일로 보냈다. 연락이 오면 감사하고 안 와도 그만이었다.

그런데 어느 날 아침, 모르는 번호로 전화가 왔다.

"안녕하세요. 규장의 여진구 대표입니다."

생각지도 못했던 이름에 깜짝 놀랐다. 나는 자세를 고쳐 앉고 대답했다.

"네… 안녕하세요."

대표님은 나에 관해 묻고는 기도를 부탁하셨다.

내가 물었다.

"대표님, 검증이 필요하신 거지요?"

"하하, 맞습니다. 물론 검증도 해야 하고요, 저도 기도를 받고 싶습니다."

그 말에 진심이 담겨있었다. 나는 대표님을 위해 기도한 다음 그의 마음과 하나님의 마음을 적어서 드렸다.

– 대표님 마음

저는 세상 사람의 말과 행동에는 관심이 없습니다.

제가 오로지 관심이 있고 사랑하는 것은

하나님 아버지의 마음을 품은 자,

하나님 아버지의 마음을 아는 자입니다.

그것을 따라 아버지 앞에

순종하며 살아가는 사람들이 좋고,

그 뜻을 알고 행하는 자들에게 관심이 있습니다.

제 사명은 오직 예수님을 알리고

그분 안에서 하나님의 일을

감사와 기쁨으로 해 나가는 것입니다.

성령충만함 가운데 그 사랑과 능력을 전파하며

예수님의 마음으로 일하며

예수님으로 삶이 풍요로워지는 것입니다.

예수 그리스도의 십자가를 경험하고 그 사랑을 체험하며

성령 안에서 인류가 하나 되고 그 사랑을 실천하는 것,

그 뜻을 나누고 전파하는 것이
제 삶의 목표이고 사명입니다.

하나님, 사랑합니다. 감사합니다.
하나님의 일을 늘 기쁨과 감사로 누리는
우리 공동체가 되게 해주세요.
우리가 하는 모든 것이 일이 아닌
기쁨과 감사, 은혜와 행복이 되게 하시고
우릴 통해 하나님나라가 확장되도록 인도해주세요.
늘 감사와 기쁨이 넘치는 삶을 살게 해주세요.
제가 가진 모든 것은 하나님의 것이고,
하나님의 은혜이며 하나님의 사랑입니다.

대표님을 놓고 기도하면서 하나님을 향한 가슴 뭉클한 감
동의 눈물, 하나님의 사랑에 감사하는 뜨거운 눈물을 보았다.
하나님 안에서 교만하지 않으려 노력하고, 그 사랑을 가슴에
품고 은혜 가운데 모든 것을 행하며, 마음을 지키기 위해 기
도하고 고민하고 애쓰는 마음이 느껴졌다.
하나님은 대표님을 향한 하나님의 마음도 내게 부어주셨다.

- 하나님 마음

나의 사랑하는 아들,

하늘의 보화가 무엇인지 아는 나의 아들,

늘 하늘의 것을 바라보며 살아내려고

수고하고 애쓰는 나의 아들.

그러나 사람들은 말하지.

뭘 그렇게까지 하냐고, 왜 그렇게 수고롭게 하냐고.

굳이 나서서 열심히 하지 않아도

이제는 자리가 잡혀 어려울 게 없으니

적당히 쉬엄쉬엄 가도 되지 않겠냐고.

그래도 내 아들은 내 앞에서

더 열심히, 더 정직하게 최선을 다해

열정을 보여주는 나의 아들이지.

때로는 힘들고 지쳐도 내 앞에서 마음을 추스르며

한 걸음 한 걸음 또 내딛는 나의 아들.

그동안 너무나 고생했고, 애썼고,

힘을 내주어 고맙구나.

사람에게 실망하고 지쳐

자포자기하는 마음일 때도 있었지.

내가 내 아들의 열정과 수고를 알고 있단다.

나의 아들아, 나를 더 찾고 찾으라.

나와 더 깊어지자꾸나.

나를 깊이 아는 것이 얼마나 큰 자유와 기쁨,

행복을 주는지 깨달아 알기를 원하노라.

현실 너머에 있는 깊은 영적인 깨달음 뒤에 오는 기쁨,

이루 말할 수 없는 내 안에서의 자유함, 샘솟는 감동,

그것을 너와 함께하며 느끼게 해주고 싶구나.

네 마음에서 나를 떠나지 않게 하라.

네가 숨을 쉬는 동력, 이유가 내가 되게 하라.

네 삶이 나와의 호흡이 되기를 원하노라.

그것이 나의 아들이 사는 이유이고 기쁨이니라.

대표님은 기도문을 받아보고 내게 말씀하셨다.

"사모님, 제가 이런 기도를 몇 번 받아봐서 눈물이 잘 나질 않는데 사모님의 기도에는 눈물이 납니다. 제가 살아온 삶을 하나님 앞에 검증받는 것 같아서 너무 좋네요. 요즘 마음이 낙심될 때가 많았는데, 하나님께서 위로와 격려를 해주시는 것 같아 정말 큰 힘이 됩니다. 고맙습니다."

그러면서 제안하셨다.

"사모님의 이야기를 글로 쓰면 좋겠어요. 사람들이 사모님이 어떤 사람인지 알아야 사모님의 은사에 대해 이해하고 공감할 것 같아요."

이 말을 듣는 순간, 마음이 요동치기 시작했다. 나는 하나님께서 주시는 마음을 대언만 할 뿐이지 글을 써본 적도 없고, 더구나 내 이야기를 책으로 낸다는 게 낯설게 다가왔다.

'과연 내가 쓸 수 있을까? 난 작은 개척교회 사모라 주일 식사 준비도 해야 하고, 반주도 해야 하고, 기도 사역도 해야 하고, 남편 목사님 뒷바라지도 해야 하고, 초등학생인 아이도 돌봐야 하고, 살림도 해야 하는데….'

온갖 생각이 머릿속을 스쳐 지나갔다. 이 모든 걸 감당할 수 있을지 확신이 서질 않았다. 지금까지 어렵고 힘든 일이 많았지만 늘 기도로 하나님 안에서 감사와 평안을 지켜왔는데, 책을 내는 건 또 다른 커다란 부담이었다.

그날 밤 나는 잠을 이루지 못하고 고민하다가 가까스로 정신을 차렸다.

'그래, 안 낸다고 하면 되는데 뭘 그렇게 생각해…. 그래도 하나님께 한번 여쭤보자.'

마음을 다잡고 기도했다. 그러자 성령 하나님께서 기다렸다는 듯이 내게 말씀하셨다.

나의 사랑, 나의 기쁨, 나의 예쁜 자야,
내 일을 불 일 듯 일어나게 하라.
불 일 듯이 이 일들이 일어나기를 원하노라.
너를 통해 나 여호와 하나님이
어떤 하나님인지 알리라.
세상 사람들은 나를 무시하고
멸시하고 본체만체하는구나.
나를 안다는 자들도, 믿음이 있다는 자들도
나를 무시하고 내 뜻과 생각을 구하기보다
자기들의 이익과 유익이 먼저구나.
그것을 마치 내 뜻인 것처럼 내세우며
자기의 뜻과 생각과 말을 하고 있구나.
나는 그들이 내가 어떤 하나님인지
깨달아 알기를 원하노라.

나는 죽은 자의 하나님이 아닌 산 자의 하나님이고,
개인의 삶과 신앙을 다 지켜보고 있도다.
나는 내 사람들이 나를 믿으면서
딴 길로 가는 걸 원치 않는다.
또한 잘못된 신앙관으로 자신의 틀에 매여
내 뜻인 것처럼 행하는 것도 원치 않는다.

나는 이 일을 통해 내게 진짜 마음이 있는 자들이
내 앞에 불 일 듯 일어나기를 원하노라.
또한 날 바로 알고 회개의 물결이 일기를 원하노라.
참된 신앙인의 삶이 아닌 그저 허울뿐인
종교인으로서의 무지한 삶을 깨닫고,
많은 영혼이 내게 돌아오기를 원하노라.

내 딸아, 힘을 내라. 내가 너와 함께하리라.
왜 이리 고민하고 고심하고 어찌할 바를 모르느냐?
네 옆에 내가 늘 함께하고
네 삶을 주장하며 네 말에 귀 기울이고
내가 내 딸에게 나타나고 있지 않느냐?
나의 딸아, 마음의 부담을 내려놓아라.
네 생각을 내려놓아라. 어찌하여 너는
'나는 책을 좋아하지 않고 글을 쓸 줄도 모르며
아는 것도 없습니다'라고 말하느냐?
네 마음을 다스려라. 강하고 담대하라.
내가 시시때때로 너를 도우며
쓸 말을 생각나게 할 것이고
전적으로 너와 함께하리라.
네 삶을 스스로 쓰지만,

네가 쓰는 모든 것을 내가 주장하리라.

평강하고 평강하라.

내가 네 아버지임을 늘 기억해라.

기도를 마치자 요동치던 마음이 차분히 가라앉았다. 그제야 깨달았다.

'내 마음을 사로잡고 있던 게 악한 영이었구나.'

두려움의 실체는 없었다. 내가 책을 내는 것을 부담으로 느끼는 순간, 악한 영이 내 마음을 마구잡이로 휘저어 놓은 거였다(악한 영은 절대 기회를 놓치지 않는다).

내 안에 새로운 마음이 올라왔다.

'그래, 내겐 하나님이라는 강력한 무기가 있지!'

그리고 까맣게 잊고 있었던 희미한 기억이 선명히 떠올랐다. 2009년, 결혼하고 얼마 되지 않았을 때의 일이다.

이전에 섬기던 교회의 사모님으로부터 전화가 걸려 왔다. 사모님은 예언 기도를 하는 분으로, 이런저런 이야기를 나누다가 나를 위해 기도해주셨다. 그중 한 문장이 내 안에 깊이 새겨졌다.

"앞으로 십오 년 뒤에 내가 나의 딸을 들어 쓰리라."

2023년, 세어보니 꼭 십오 년이 되는 해였다. 온몸에 소름이 돋았다.

'하나님께서 이 책을 시작으로 나를 쓰려고 하시나?'

누군가는 끼워 맞추기라고 할 수도 있다. 그러나 믿거나 말 거나, 이 기억을 떠올려 주신 분도 성령님이시요, 내게 감동 주신 분도 주님이시니 믿음으로 '아멘!' 할 수밖에.

놀랍고 감사했다. 티끌 같은 내가 우주보다 크신 분의 일하 심을 어찌 헤아릴 수 있을까. 그저 인도하심을 따라, 내 이야 기를 적어 내려갈 뿐이다. 이 책이 하나님의 선한 도구로 쓰 임 받길 간구할 뿐이다.

차례

CHAPTER 1
믿음이 자라다

CHAPTER 2
참 소망을 품다

CHAPTER 3

사랑이 커지다

CHAPTER 4

천국을 바라보다

믿음은
바라는 것들의
실상이요
보이지 않는 것들의
증거니
히 11:1

1
CHAPTER

믿음이 자라다

열네 살 겨울방학

1987년, 설이 지난 어느 겨울날, 막 열네 살이 된 나는 엄마 손을 잡고 교회에 갔다. 내가 다니던 '신정감리교회'는 강화군 시골 마을의 작은 교회였다(강화의 교회는 대부분 감리교다). 교회는 신정리에 있었고, 나는 그 옆 동네인 지산리에 살았다.

교회에서는 부흥대성회를 하고 있었다. 그날이 부흥회의 마지막 날이었던 것 같다. 어린 내 눈에 비친 성전의 모습은 모든 것이 신기했다. 쿵 쿵 쿵 쿵, 큰 북의 박자에 맞춰 사람들은 열심히 찬양을 부르고 있었다.

하나님 마음을 전하는 기도자

"불길 같은 성신여~ 간구하는 우리게 지금 강림하셔서 영광 보여줍소서! 보여줍소서!"

이미 하나님의 은혜를 경험한 사람들은 열정적이고 뜨거웠다. 은혜를 구하며 찬양하는 사람, 간절히 기도하는 사람, 소리 지르며 "주여"를 외치는 사람, 피아노와 북을 치는 사람들이 있었다.

찬양이 끝나고 말씀이 시작되었다. 강사 목사님은 당시 양산제일교회의 담임 목사님이셨다. 목사님의 말끝마다 여기저기서 "아멘"이 튀어나왔다. 삼십 년이 훌쩍 지난 지금도 나는 그 목사님의 얼굴과 성함을 기억한다.

말씀이 끝나자 사람들은 또다시 찬양을 부르며 기도했다. 그런데 이상한 일이 벌어졌다. 사람들이 알 수 없는 말로 중얼중얼 기도하고, 일어나서 춤을 추고, 뒤로 벌떡벌떡 넘어가고, 환상을 보며 소리를 지르기 시작했다. 어린아이인 내 눈에 그런 모습들이 두렵고 무서울 만도 한데 나는 아무렇지 않았다.

예배를 마치고 돌아오는 길에 엄마에게 물었다.

"엄마, 사람들이 이상한 말로 하는 기도가 뭐야?"

엄마가 친절히 말해주셨다.

"방언 기도라는 거야. 방언은 하나님께서 우리에게 선물로 주시는 거야. 방언을 하면 더 깊은 기도를 할 수 있어."

    나는 방언 기도를 너무나 하고 싶었다. 기도를 어떻게 하는 지도 잘 모르는 어린 나이였지만, 부흥회를 마친 주 토요일에 무작정 내 방에 홀로 앉아 기도하기 시작했다. 강사 목사님이 부흥회 때 하신 말씀이 떠올랐다.

    "방언 받고 싶은 사람, 손들어 보세요. 방언 받고 싶으면 '방언 주세요, 방언 주세요'라고 간절한 마음으로 기도하세요."

    나는 조용히 외치고 또 외쳤다.

    "방언 주세요, 방언 주세요, 방언 주세요."

    그러다 지치면 아는 찬양을 불렀다.

    "오 주여 당신께 감사하리라 실로암 내게 주심을~ 나에게 영원한 사랑 속에서 떠나지 않게 하소서~"

    그리고 또다시 간절히 기도했다.

    "방언 주세요, 방언 주세요. 하나님, 방언 주세요!"

    오전 열 시에 시작한 기도가 어느덧 오후 세 시를 향하고 있었다. 어느 순간, 내 입에서 이상한 말이 나오기 시작했다. 방언이었다.

    방언이 터지자 나는 내가 아니었다. 기도를 하는 건 분명 나인데, 다른 영에 이끌려 취해있는 것만 같았다. 엄마는 내 입에서 방언이 시작된 걸 듣고는 문밖에 와서 함께 방언으로 기도해주셨다.

나는 혼자 소리를 지르며 기도하다가 기도가 깊어지면서는 온 방을 누비며 춤도 추고, 방언으로 찬양도 하며 시간 가는 줄 몰랐다. 문밖에서 아빠가 엄마에게 이야기하시는 소리가 들렸다.

"쟤 미친 거 아냐? 이제 좀 말려라. 밤 아홉 시다."

그러자 엄마가 방으로 들어오셨고, 나는 방언 기도를 마쳤다.

당시 아빠는 엄마의 성화에 못 이겨 교회에 행사가 있을 때만 참석하는 '행사 교인'이셨다. 아빠 딴에는 엄마의 체면을 세워주기 위해 겨울 부흥성회와 특별 강사초청예배, 전도 대잔치 등 굵직굵직한 행사에만 참석하곤 하셨다. 그러니 어린 딸이 이상한 소리로 말하고 노래하는 모습이 얼마나 두려우셨을까.

지금 생각해보면, 어린 내가 방언이 터지기 전 다섯 시간, 방언이 터진 후 여섯 시간, 총 열한 시간을 기도할 수 있었던 건 방언을 받고 싶은 강한 의지도 작용했겠지만, 성령님의 인도하심이 있었기에 가능했다는 생각이 든다.

이때가 내가 주님을 인격적으로 만난 첫 시간이었다.

악한 영의 공격

나는 어렸을 때 별명이 '새색시'였다. 조용하고 겁도 많고 소심해서였다. 아빠가 농약 기계를 꺼내시면 나는 재빨리 집 뒤의 언덕으로 올라가 귀를 막고 웅크리고 있었다. 기계에 시동을 걸기 위해 줄을 잡아당기는 소리가 아주 컸기 때문이다. 또 하굣길에 저만치 남자가 보이면 무서워서 한참을 돌아 집에 가곤 했다.

그랬던 내가 방언을 받은 후 몰라보게 달라지기 시작했다. 영이 살아나자 말이 많아졌고 자신감과 꿈이 생겼다. 그리고 세 가지 놀라운 변화가 연이어 일어났다.

첫 번째는 '담대함'이었다.

예수께서 이르시되 할 수 있거든이 무슨 말이냐
믿는 자에게는 능히 하지 못할 일이 없느니라 하시니 막 9:23

그해 겨울, 방언을 받고 중학생이 된 나는 학교에 버스를 타고 다녔다. 작은 시골 마을이라 버스는 하루에 일곱 번밖에 다니지 않았다. 배차 간격이 길어서 지각하지 않으려면 반드시 첫차를 타야 했다.

우리 학교에는 나처럼 각지의 마을 아이들이 모여들었다. 그래서 아는 친구가 별로 없었다. 그런데 나는 학교 친구나 교회의 언니 오빠 중에 방언을 소망하는 이가 있으면 적극적으로 도와주었다. 그냥 도와준 게 아니라 그들을 교회나 기도원에 데려가 그들이 방언을 받을 때까지 열심히 기도해주었다.

하루는 중학교에서 만난 한 친구가 방언을 받고 싶다고 내게 말했다. 나는 요일과 시간을 정하고, 학교에서 그리 멀지 않은 곳에 있던 친구네 교회로 갔다. 그곳에는 그 친구뿐 아니라 방언을 받길 원하는 이들이 여럿 모여 나를 기다리고 있었다.

나는 사람들을 둥글게 앉히고 순서대로 한 사람씩 가운데로 나오게 했다. 그리고 내가 그랬던 것처럼 "방언 주세요"라고 외치기만 하라고 한 뒤, 옆에서 그가 방언이 터질 때까지 온 힘을 다해 방언 기도를 했다.

무식한 방법이었지만 놀랍게도 하나같이 방언이 터졌다. 아마 하나님께서 어린아이들의 순수한 마음과 간절한 믿음을 예쁘게 보시고 기도에 응답해주셨던 게 아닐까 싶다.

그때 내게 부어진 담대함은 방언을 뜨겁게 받으며 하나님의 살아계심을 온몸으로 체험한 믿음에서 생겨난 것이었다. 매일 하나님 아버지의 능력과 성령충만함이 내 안에 가득 채워졌다.

두 번째 변화는 '환상'이었다.

기도하면 그 사람의 영적 상태가 특정한 장면으로 보이기 시작했다. 당시 나는 하나님이 너무너무 좋아서 어린 나이였지만 '어떻게 하면 하나님의 일을 할 수 있을까?' 하는 소망으로 가슴이 부풀어 있었다. 또 머릿속에는 교회, 학교, 집밖에 없었다. 하교 후 집에 오면 걸어서 이십 분 정도 걸리는 교회에 갈 생각에 행복했다.

거의 맨날 모든 예배에 엄마를 따라다녔다. 구역예배에도 갔고, 이십 일이나 사십 일 특별 새벽기도에도 열심히 참석했다. 지금도 새벽 공기를 마시며 엄마와 함께 걷던 그 길이 생생하고 또 그립다.

교회는 부흥대성회가 끝난 직후라 성도들이 모두 뜨거웠다. 서로 모여 기도하기에 힘썼고, 서로를 아끼고 사랑하며, 예배를 사모했다. 나도 중고등부에 올라가 예배와 기도에 더욱 열심을 냈다.

그러던 어느 날, 한 고등학생 오빠가 오랜만에 교회에 나왔다. 우리는 예배를 마치고 둥그렇게 앉아 그를 가운데 앉히고 기도해주었다. 그런데 기도하는 중에 눈앞에 한 장면이 보였다. 넓은 초원에 그가 서있었다. 몹시 불안해 보였고 어찌할 바를 모르며 갈팡질팡했다. 오빠의 영적 상태인 것 같았다.

그날 이후로도 나는 기도할 때 여러 장면을 보았다. 하지만 그때는 하나님께서 보여주신 환상인 줄 몰랐고 무슨 의미인지도 잘 몰랐으며, 이것에 대해 지도해줄 사람도 없었다.

세 번째 변화는 '악한 영의 공격'이었다.

나는 두 살 위인 언니와 한방을 썼다. 그런데 방언을 받은 이후로 밤에 자려고 누우면 매일 악몽을 꾸었다. 잠자는 게 괴로울 정도였다. 엄마로부터 이 얘기를 들은 담임 목사님은 내가 혼자 방언을 받아서 악한 영이 같이 역사할 수도 있다며 기도를 해주셨다. 그 뒤로 악몽은 꾸지 않았지만, 더 고통스러운 일이 일어났다.

밤에 자려고 누우면 정신은 멀쩡한데 몸이 움직이질 않았다. 말도 할 수 없었다. 흔히 말하는 가위에 눌리는 현상 같았다. 나는 온 힘을 다해 발버둥 쳤지만 그럴수록 몸이 더 굳어졌다. 그 와중에 한 음성이 들렸다.

'방언 받은 것을 말하지 마!'

세상에 이런 목소리가 있을까 싶을 정도로 간사하고 가냘프고 끔찍한 여자의 음성이었다. 너무나 두려웠다(지금도 그 목소리는 뇌리에 선명히 남아있다).

내가 끙끙대는 소리에 잠이 깬 엄마와 언니가 내 몸을 흔들었다. 그 순간 몸이 풀렸고, 나는 정신을 차리고 엄마와 언니에게 그 끔찍한 음성이 한 말을 전했다. 그러자 엄마가 성경책과 찬송가를 가져오셨다.

"우리 예배드리자. 찬송하자. 마귀들과 싸울지라 죄악 벗은 형제여~ 담대하게 싸울지라 저기 악한 적병과~"

나도 찬송을 힘차게 불렀다. 1절에서 3절까지 부르고 또 불렀다. 찬송을 마치고는 말씀을 읽었다. 마태복음 4장 23,24절을 엄마가 읽어주셨다.

"예수께서 온 갈릴리에 두루 다니사 그들의 회당에서 가르치시며 천국 복음을 전파하시며 백성 중의 모든 병과 모든 약한 것을 고치시니 그의 소문이 온 수리아에 퍼진지라 사람들이 모든 앓는 자 곧 각종 병에 걸려서 고통당하는 자, 귀신 들린 자, 간질하는 자, 중풍 병자들을 데려오니 그들을 고치시더라."

엄마는 나를 잡고 간절히 기도하셨다.

"주 예수의 이름으로 명하노니 악한 영은 떠나갈지어다. 모든 연약한 것은 고침을 받고 하나님의 능력을 힘입어 새롭게 될지어다."

예배를 마치고 나는 겨우 잠이 들었다.

다음 날, 잠자리에 누웠는데 또 몸이 굳고 말을 할 수가 없었다. 그날도 소리가 들렸다. 이번에는 지하 깊은 곳에서 울리는 듯한 무겁고 두꺼운 목소리였다.

'너는 죽어야 해!'

끔찍해서 소름이 끼쳤다. 어린 내가 감당하기엔 너무 버거운 말이었다. 그날도 엄마와 언니가 날 깨웠고, 우리는 함께 예배를 드린 후 잠을 청했다.

다음 날에도 자려고 누웠는데 또다시 몸이 굳는 게 느껴졌다. 그날은 나도 모르게 눈이 떠졌다. 그런데 악한 영이 보였다. 언니와 나는 방 아래에 이불을 깔고 누워있었고 위쪽에는 장롱과 거울이 있었는데, 장롱 앞에 검은 물체가 보였다. 검은색인데 투명하며 장군 같은 형상을 한 그 물체는 손에 무언가를 들고 있었다. 나는 너무 무서워서 눈을 질끈 감아버렸다.

또 하루는 자다가 눈을 떴는데, 하얀 소복을 입은 여자가 한쪽 무릎을 세우고 다소곳이 앉아서 곁에서 자는 언니의 모습을 물끄러미 내려다보고 있었다.

그렇게 하루도 빠지지 않고 악한 영이 나를 괴롭혔다. 목소리는 들리지 않았지만 눈을 뜨면 보였기에 아예 감고 있을 때가 많았다. 간혹 실눈을 뜨면 악한 영이 보였다.

그때는 어렸고 영적인 세계를 몰라서 그게 악한 영의 공격인지도 몰랐다. 그저 잠자는 게 두렵기만 했다.

거의 중학 시절 내내 악한 영에게 시달렸던 것 같다. 그래서 엄마, 언니와 매일 밤 예배를 드렸다. 〈마귀들과 싸울지라〉, 〈천부여 의지 없어서〉, 〈십자가 군병들아〉를 마치 교가처럼 불렀고 마태복음 4장 23,24절만 반복해서 읽었다.

내가 왜 매일 같은 말씀만 읽냐고 하자 엄마는 "하나님께서 이 말씀에 가장 강력하게 응답하셔"라고 대답하셨다. 엄마는 예배를 마치고 내가 잠든 걸 보고는 늦은 새벽까지 혹은 밤새워 기도하셨다.

엄마의 벽장 서랍 안에는 그 시절 응답받은 기도와 하나님의 음성을 적어둔 노트가 있었다. 내가 어른이 되어 엄마에게 그 노트에 대해 말했더니 쑥스러우셨는지 다른 곳으로 치우셔서 지금은 보이지 않는다.

세월이 흘러 내가 딸을 둔 엄마가 되어보니 어릴 적 엄마의 헌신적인 기도와 사랑이 참으로 귀하고 감사하게 다가온다.

나를 매일 괴롭히던 악한 영은 내가 영적으로 강해질수록 나타나는 빈도가 줄어들었다. 예배와 말씀을 통해 내게 악한 영을 대적할 힘이 점차 생겨났고, 악한 영은 두려워할 존재가 아님을 깨달았기 때문이었다. 하나님과 사랑의 관계가 깊어질수록 더 이상 악한 영이 나를 공격하지 못한다는 사실도 알게 되었다.

하지만 대학에 입학하고 자취를 하면서부터 잠시 두려운 마음이 들기도 했다. 고등학교 때까지는 엄마와 예배하며 악한 영을 내쫓았는데 이제는 혼자 맞설 수밖에 없었다. 몸이 피곤하고 힘든 일이 있을 때면 어김없이 악한 영이 모습을 드러냈다.

대학 졸업여행으로 제주도에 갔을 때의 일이다. 유스호스

텔에서 묵었는데, 나는 가장 큰 방에서 친구 여덟 명과 함께 잤다. 모두 유아교육을 전공하는 여학생이었다.

첫날 밤 우리는 얼굴에 마스크 팩을 붙이고 즐겁게 수다를 떨다가 밤이 깊어 하나둘 잠이 들었다. 그런데 내 몸이 또 굳어졌다. 오랜만에 있는 일인데다 친구들과 함께 자는데 이렇게 되자 당황스러웠다.

나는 반사적으로 눈을 떴다. 그런데 새까만 악한 영들이 친구들의 몸 위에 붕 떠서 요리조리 살펴보고 있는 게 아닌가! 너무 놀라 눈을 감고 속으로 있는 힘을 다해 외쳤다.

'나는 하나님의 딸이다! 너희가 나를 공격할 수 없다. 예수님의 이름으로 명하노니 나를 괴롭히는 악한 영은 떠나가라!'

말이 안 나오니 온몸으로 외쳤다. 그 순간, 몸이 스르르 풀렸다. 나는 안도의 숨을 크게 내쉬고는 이내 잠들었다.

제주도를 비롯해 과거 유배지였던 곳에는 귀신이 많다는 얘기를 들은 적이 있다. 그래서 그 많은 악한 영이 내 친구들을 탐색하고 있었던 게 아닐까?

종종 방송에서는 가위에 눌리면 귀신들이 몸을 타고 올라오거나 사람에게 직접적인 해를 끼치는 것처럼 과장하지만, 내 경험상 지금껏 악한 영이 내 몸에 손을 댄 적은 한 번도 없다. 그저 눈앞에 나타나 겁만 줄 뿐이었다.

굿하는 집

나는 인천 강화에서 태어났다. 우리 가족은 할아버지, 할머니, 아빠, 엄마, 언니, 나, 남동생으로 일곱 식구였다. 우리 집은 산 밑 언덕진 비탈에 있었다.

사람들은 '강화 사람'이라고 하면 도시에서 먼 오지에서 태어난 줄 안다. 하지만 강화는 서울에서 한 시간 거리이고 산과 바다, 여러 유적지, 아름다운 경관이 많아 주말마다 관광객이 바글바글한 곳이다. 중고교 시절에 주말만 되면 어딜 가도 차가 많아서 정작 마을 사람들은 시내에 나가지 못할 정도였다.

우리 집에는 집안을 지키는 터줏대감처럼 벙거지(옛날 갓)와 터줏가리가 있었다. 터줏가리는 마른 볏짚으로 만들어 집 한 귀퉁이에 세워져 있었다. 할머니는 정월이 되면 쌀 한 되씩을 만신(무당)네에 갖다주셨다. 엄마가 할머니에게 "어머니, 귀한 쌀을 왜 만신네 갖다주세요?" 하고 물으면 할머니는 "그래야 온 집안이 편안한 거야"라고 말씀하셨다고 한다.

하루는 아침에 일어나 보니 집에 모르는 사람들이 와있었다. 상에 돼지머리와 두툼한 시루떡이 차려져 있고 시끄러운 소리가 들렸다. 징 치는 아저씨와 북 치는 할머니와 춤추는 아주머니와 만신이 와서 굿하는 소리였다.

할머니가 고모의 둘째 출산을 도와주고는 아프기 시작하

하나님 마음을 전하는 기도자

셨는데, 만신의 말에 의하면 집안에 살이 껴있어서 굿을 해야 산다고 했다. 그러나 그 후로 할머니는 시름시름 앓다가 한 달 만에 돌아가셨다. 이를 보고 엄마는 "만신이 돈 벌려고 굿을 하라고 한 거야"라고 하셨다.

만신이 우리 남매에게 툭 하면 하는 소리가 있었다.

"손톱이나 발톱을 깎으면 절대 아궁이에 버려선 안 돼. 그러면 지랄병에 걸려."

겁을 주려고 한 말인지, 놀리려고 한 말인지는 모르겠으나 지금 생각하면 웃음만 나온다.

이웃 동네에는 만신이 두 명 살았다. 앞서 얘기한 굿을 한 무당은 외부에서 용하다는 무당이었고, 옆 동네에 사는 만신들은 아무 때나 부르면 오는 소위 '동네 무당'이었다.

어렸을 때 우리 집에는 이 동네 만신이 자주 드나들었다. 어느 날은 만신이 고사를 지내기 위해 집에 와서는 밥을 해서 버렸다. 밥을 버리는 건 사람을 아프게 하는 귀신들이 그 밥을 먹고 사람에게서 떨어져 나가 다른 곳으로 가라는 의미였다.

고사를 지낸 건 주로 나의 건강 때문이었다. 나는 어릴 때 몸이 약했다. 엄마 말로는 죽을 고비를 세 번이나 넘겼다고 한다. 한번은 내가 아기 때 경기를 일으키며 고열에 시달렸는데 동네에 병원도 없고 시내에 나갈 교통수단도 없어서 엄마가 나를 들쳐업고 침을 놓는 분이 사는 곳까지 무작정 뛰어가셨다. 그러고는 아기에게 침을 맞히고 손발을 씻어주었더니 가까스로 열이 내려서 가슴을 쓸어내렸다고 한다.

초등학교 저학년 때 체육 시간이면, 나는 운동장 의자에 힘없이 앉아있곤 했다. 시골은 형편이 어려워 많은 학생이 우유 급식을 신청하지 못했는데 우리 집에서는 부모님이 언니, 나, 남동생 중에 나만 우유를 먹게 했다. 워낙 약골이라 받은 특별 대우였다. 하지만 정작 나는 우유를 마시면 느끼하고 속이 더부룩해서 그대로 집에 가져오는 날이 더 많았다(그러면 언니와 남동생이 신나게 마셨다. 한 번의 불평 없이 우유를 양보해준 형제들을 생각하면 지금도 고맙다).

엄마는 이렇게 허약했던 나를 두고 "우리 아이 건강하게 해주세요. 우리 가족 안전하게 해주세요"라며 알지도 못하는 귀신에게 두 손 모아 빌곤 했다. 하지만 빌고 빌어도 내 건강이 나아지질 않자, 하루는 만신이 엄마에게 이렇게 말했단다.

"교회에 나가봐."

무당 입에서 교회에 가보라는 소리가 나올 줄이야! 우리 집은 교회에 나가야 살 것 같다고 생각한 걸까?

새로 온 전도사님

초등학교 4학년이 되던 해 봄이었다. 시골 교회에 새로운 전도사님이 부임하셨다. 당시 나는 교회에 다니진 않았지만 작은 마을이라 소문이 금방 퍼졌다.

전도사님이 노방전도를 하고 한 집 한 집 찾아다니며 심방을 하신다는 얘기를 듣고, 나는 내심 기대했다.

'우리 집은 산자락에 있는데… 올까?'

그런데 어느 날 밖에서 문 두드리는 소리가 들렸다.

"계세요?"

전도사님이었다. 우리 집까지 찾아와 준 게 고마웠는지 엄마는 반갑게 대문을 여셨다. 엄마는 만신에게 들은 말도 있어서 교회를 다녀보려 마음을 먹은 상태였다.

서글서글한 인상의 전도사님이 엄마에게 인사하셨다.

"안녕하세요? 교회에 새로 온 전도사입니다. 안에 좀 들어가도 될까요?"

엄마가 대답하셨다.

"사람 사는 집에 사람이 들어오시는데 뭘 그러세요? 집이 누추해서 그렇지."

전도사님이 엄마와 대화를 이어가셨다.

"고맙고 감사합니다. 괜찮으시면 함께 예배를 드려도 될까요?"

"복 빌어주신다는데 안 될 게 뭐 있겠어요?"

"네, 감사합니다."

예배를 마치고 전도사님이 엄마에게 말씀하셨다.

"교회에 오세요. 언제부터 오실 거예요?"

난생처음 드린 예배가 좋았는지 엄마가 당차게 대답하셨다.

"당장 내일부터 가겠습니다."

전도사님은 함박웃음을 지으며 "할렐루야!"를 외치셨다.

다음 날 전도사님이 우리 집에 또 방문하셨다. 그러고는 엄마와 함께 집에 있는 벙거지와 미신이 될 만한 것을 모두 불태우셨다.

방에서 물끄러미 지켜보던 아빠가 "벙거지는 내 거니까 버리면 안 된다"라고 하시자, 엄마는 "그럴 거면 나랑 이혼해요"라고 엄포를 놓으셨다. 결국 아빠는 아무 말도 못 하고 체념한 듯 벙거지가 불타는 걸 지켜만 보셨다.

전도사님이 가시고 연기가 채 빠지기도 전에 엄마는 결심한 듯 할아버지께도 말씀을 드렸다.

"아버님, 저는 이제부터 교회에 나가겠습니다."

그러자 할아버지가 의외의 대답을 하셨다.

"그럼 나도 이제 미신 믿는 건 안 할란다."

할머니가 돌아가시고 줄곧 제사만 드리던 집안이 하루아

침에 교회 다니는 집안으로 바뀌다니, 참 놀라운 일이었다. 미신을 단번에 청산하기로 작정한 엄마에게 허락하신 은혜가 아니었을까.

집집이 방문해서 예배드리고 동네 사람들을 살뜰히 챙기시던 전도사님의 전도로 마을 사람의 절반 정도가 교회에 출석하기 시작했다. 나도 언니와 교회학교 어린이 예배에 꼬박꼬박 참석했다.

전도사님은 젊고 상냥한 미남이셨다. 그 선한 미소가 지금도 잊히질 않는다. 훗날 그 전도사님이 다른 교회로 가신 후에 엄마가 우스갯소리로 말씀하셨다.

"○○○은 그 잘생긴 전도사님 때문에 교회에 다녔나 봐. 전도사님이 다른 교회로 간 후에는 안 나오는 걸 보니."

그해 겨울, 나는 매우 아팠다. 열이 오르고 기침이 멈추질 않았다. 늦은 밤에 내가 약을 먹고도 계속 기침을 하고 고통스러워하자 엄마는 전도사님에게 전화하셨다.

"전도사님, 현주가 기침이 너무 심해요. 멈추지를 않습니다."

전도사님은 우리 집에 한달음에 오셔서 예배를 드리고 기도해주셨다. 다음 날에도 내가 새벽까지 기침이 멈추질 않자 엄마는 전도사님에게 또 전화를 거셨다.

사실 이 기침 증상은 우리 가족이 교회에 다니면서부터 시작된 거였다. 초등학교 4학년 겨울부터 중학교 1학년 겨울까지 매번 같은 시기에 기침이 시작됐다. 그럴 때마다 전도사님은 늦은 밤이건 새벽이건 한 번도 마다하지 않고 우리 집에 달려와 예배하고 기도해주고는 내가 안정을 찾으면 돌아가셨다.

중학교 1학년 때는 감기를 심하게 앓고 일주일 만에 등교했는데, 그만 학교에서 쓰러지고 말았다. 엄마가 두려운 마음에 목사님에게(그 사이 전도사님은 목사 안수를 받으셨다) 연락을 드렸고, 시골에 차편이 없어서 교회 승합차를 타고 학교로 오신 목사님은 맥없이 축 처진 내게 손을 얹고 기도해주신 후 사색이 된 엄마를 부축해 병원에 내려주셨다.

엄마 말로는 내가 혈압이 너무 낮아 얼굴이 백지장보다 창백했다고 한다. 병원에서 링거 주사를 맞고 있는 내게 의사가 와서 입원을 권했지만, 당시는 농번기라 가장 바쁠 때여서 엄마가 난색을 보이며 말씀하셨다.

"지금은 아이 곁을 지킬 사람이 없어서 입원할 수가 없어요."

"그러면 집에서 주사를 맞아야 하는데 주사를 놓아줄 사람이 있어야 합니다."

의사는 내가 주사를 맞으며 치료받아야 한다고 거듭 말했

하나님 마음을 전하는 기도자

다. 하지만 시골에 주사를 놓을 줄 아는 사람이 있을 리 만무했다. 결국 통원 치료를 하기로 하고 나는 엄마 품에 안긴 채 집에 돌아왔다. 이후 별 기억이 없는 걸 보면 집에서 쉬며 서서히 회복했던 것 같다.

그날의 기억이 내 안에 깊이 박힌 건, 많이 아팠기 때문이 아니라 목사님의 사랑과 정성이 지극했기 때문이다. 영혼을 제 혈육처럼 아끼고 사랑하셨던 목사님을 통해 우리 가족은 예수님의 사랑을 배우고 알아갔는지 모른다.

사역자의 아내가 된 지금 '새벽마다 성도가 부르면 달려갈 수 있을까? 그런 사역자가 몇이나 될까?' 하는 생각이 들어 그 시절 목사님이 베푸셨던 사랑이 더 큰 감사와 감격으로 다가온다.

목사님은 내가 중학교 3학년 즈음 다른 지역으로 사역지를 옮겼다가 남미 선교사로 떠나셨다. 지금 어디 계시는지 알 수만 있다면 꼭 찾아뵙고 인사를 드리고 싶다.

제사가 예배로 바뀌다

나는 할머니가 두 분이다. 큰할머니가 큰아버지를 낳고 돌아가신 후에 할아버지가 재혼하셔서 작은할머니가 낳은 첫 아들이 우리 아빠다. 고로 우리 집이 큰집이다.

어렸을 때 명절이나 제삿날이 되면 온 친척이 우리 집에 모였다. 북적이는 사람들로 발 디딜 틈이 없었고, 음식 만드는 냄새와 왁자지껄 떠드는 소리가 집안을 가득 메웠다. 비슷한 연령의 아이들 열한 명이 정신없이 뛰어다녔고 뒹굴며 잠을 잤다. 그때는 몰랐는데, 커서 보니 그 많은 음식을 준비하신 부모님이 얼마나 힘드셨을까 싶다.

명절에 집안 어르신들이 집마다 돌면서 제사를 지내시는 풍습이 있었다. 아빠와 큰아버지, 작은아버지는 아침 식사를 마치고 어르신들을 따라다니며 제사를 지냈다.

제사를 지내고 나야 제사상에 차려진 맛있는 음식들을 먹을 수 있었기에 나는 우리 집 차례를 기다리곤 했다. 하지만 우리 집은 산자락에 있어서 늘 마지막 순번이었다. 오랜 기다림 끝에 어르신들이 오시면 엄마가 술상을 차리셨다. 어르신들은 조상에게 절을 하고는 둘러앉아 술을 한 잔씩 드시고 가셨다.

엄마는 교회에 다니면서도 제사를 지내셨다. 교회에 간다고 믿음이 바로 생기는 게 아니었다. 그런데 그렇게 양다리 신앙생활을 하던 중 교회에서 부흥회가 열렸고, 엄마는 우리 가족 중에 제일 먼저 방언을 받으셨다.

그리고 부흥회를 마친 지 얼마 뒤에는 금요 철야예배에서 기도 중에 환상을 보셨다(엄마는 언니와 나를 데리고 금요 철야예

46   하나님 마음을 전하는 기도자

배에 빠지지 않고 다니셨다). 엄마의 눈앞에 그동안 살아온 인생의 장면들이 파노라마처럼 지나갔고, 하나님께서 엄마에게 이렇게 말씀하셨다고 한다.

'나의 딸아, 내가 네 삶을 다 알고 있단다. 과거에 내 딸이 이렇게 살았지. 그러나 이전의 너는 죽었고, 이제부터의 너는 내 것이라.'

> 야곱아 너를 창조하신 여호와께서 지금 말씀하시느니라
> 이스라엘아 너를 지으신 이가 말씀하시느니라
> 너는 두려워하지 말라 내가 너를 구속하였고
> 내가 너를 지명하여 불렀나니 너는 내 것이라 사 43:1

우리 세 모녀가 처음 교회에 갔을 때는 성도가 다섯 가정밖에 없었다. 가난한 시골 교회여서 추운 겨울에도 교회 안에는 작은 화목 난로 하나가 전부였다. 하지만 다들 추운 줄 모르고 뜨겁게 기도했다. 엄마가 환상을 보신 날도 그랬다.

밤새 기도를 한 후 창밖으로 어슴푸레 날이 밝아올 무렵, 언니와 나는 먼저 기도를 마치고 엄마가 일어나시기만을 기다렸다. 그런데 거의 아침이 되어서야 하나님께서는 엄마를 일으켜 주셨다.

집으로 돌아오는 길, 엄마는 여느 때와 다른 모습이셨다.

철야예배의 피로감은 온데간데없고 눈에 생기가 가득하셨다
(그것은 성령충만이었다). 엄마는 집에 돌아와 곧장 아빠에게 가
서 말씀하셨다.

"이제는 제사를 지내지 않고 예배를 드릴 거야."

아빠는 자식들이 아플 때 목사님이 기도해주면 희한하게
괜찮아지는 걸 자주 보았기에 흔쾌히 그러라고 하셨다.

제사를 지내지 않기로 선포한 후, 첫 할아버지 제삿날이었
다. 엄마는 사전에 목사님과 권사님들에게 집에 오셔서 추도
예배를 드려달라고 말해놓고 만반의 준비를 하고 계셨다.

당시 큰아버지네는 교회에 다녔고, 고모네는 교회에 나가
진 않았지만 고모부 집안이 기독교 가정이어서 예배드리는
걸 받아들일 것 같았다. 문제는 작은아버지였다.

시간이 되어 목사님과 권사님들이 집에 오셨고, 엄마는 친
척들을 불러 모으며 예배드릴 준비를 하셨다. 그리고 목사님
의 기도로 조씨 집안의 첫 추모예배가 시작되었다.

작은아버지만 홀로 사랑방에 앉아있었다. 그리고는 술을
마시며 예배드리는 무리를 향해 날이 선 목소리로 외쳤다.

"아버지 아들인 내가 제사를 지내야지, 왜 모르는 사람들
이 와서 앉아있냐?"

목사님이 아랑곳하지 않고 예배를 이어가자 작은아버지는

하나님 마음을 전하는 기도자

화를 참을 수 없었는지 소리를 지르고 데굴데굴 구르며 울기 시작했다. 친척들은 작은아버지 쪽을 힐끔힐끔 쳐다보며 좌불안석이었지만, 엄마는 결의에 찬 표정으로 고개 한 번 돌리지 않고 입으로 중얼중얼 방언 기도를 하셨다. 이 일은 할머니, 할아버지 제사 때마다 반복되었다.

그러던 어느 날 작은아버지로부터 엄마에게 다급히 전화가 걸려 왔다.

"형수님, 우리 집사람이 아파요."

엄마는 곧장 작은어머니를 데리고 동네 병원에 가셨다. 의사가 큰 병원으로 가라고 했고, 두 사람은 소견서를 받아 서울에 있는 대학병원으로 갔다. 대학병원에서 작은어머니는 여러 검사를 하며 갖은 고생을 하고는 결국 치료가 어려운 희소병이라고 진단받았다.

작은어머니는 대장이 다 썩고 군데군데 구멍이 난 상태였다. 수술로 대장의 반을 잘라내야 했는데 나머지 반도 좋은 상태는 아니었다. 병원에서 장례를 준비하라고 했고 "살아도 걷지 못할 겁니다"라는 청천벽력 같은 소리를 했다.

작은아버지는 제정신이 아니었다. 누워있는 아내 곁에 망연자실한 표정으로 종일 멍하니 앉아있었다. 대신 엄마가 병원에서 지내며 작은어머니를 성심껏 간호하셨다.

당시 병실에는 의자 말고 아무것도 없어서 엄마는 작은어머니 침대 밑에 신문지를 깔고 주무셨다. 주말에는 한 번씩 집에 내려와 빨래하고 밑반찬을 해놓고 다시 병원으로 가기를 한 달가량 반복하셨다(작은집 아이들은 우리 집에 와있었다).

엄마는 틈만 나면 기도하셨다. 병실에서, 복도에서, 옥상에 올라가 작은어머니를 살려달라고 죽기 살기로 하나님께 매달리셨다.

엄마의 기도가 강력했는지, 작은어머니의 안색이 나날이 좋아졌고 의사도 어리둥절할 만큼 검사 결과가 좋게 나오기 시작했다. 죽음을 앞두고 있던 작은어머니는 기적적으로 회복했고 병원에서는 퇴원해도 좋다고 했다.

마침내 퇴원일이 되어 엄마가 분주하게 짐을 싸고 계실 때였다. 작은아버지가 작은어머니를 휠체어에 태우고 엄마에게 다가와 말했다.

"형수님, 저 이제 교회에 다니겠습니다. 제삿날에 예배도 드리겠습니다."

엄마의 갈급한 기도와 헌신적인 섬김이 하나님의 마음을 감동시키고 작은아버지의 마음을 변화시킨 거였다.

이후로도 기적은 계속되었다. 한때 살아도 걷지 못할 거라는 얘기를 들었던 작은어머니는 일 년 만에 걸을 수 있게 되었다. 훗날 그 얘기를 했던 의사가 진료실에 걸어 들어오는

하나님 마음을 전하는 기도자

작은어머니를 보고는 입을 다물지 못하며 "걸어줘서 너무너무 고맙습니다"라고 말했단다.

작은어머니의 회복 이후, 우리 조씨 가문은 명절과 제사 때마다 함께 예배를 드렸다. 나는 안다. 이렇게 되기까지 엄마의 삶이 얼마나 고단했는지를. 하나님께 눈물로 부르짖고 기도한 시간이 쌓이고 쌓여, 마침내 제사가 예배로 바뀌는 기적이 일어났음을.

엄마는 하나님 앞에서 좀 무식하시다. 무식하게 믿는 순수함이 있으시다. 하나님의 능력과 일하심을 믿기에 더 무식할 수 있는 것 같다.

믿음이 없이는 하나님을 기쁘시게 하지 못하나니
하나님께 나아가는 자는 반드시 그가 계신 것과
또한 그가 자기를 찾는 자들에게
상 주시는 이심을 믿어야 할지니라 히 11:6

나무뿌리 뽑기 기도

교회 중고등부는 토요일에 예배를 드렸다. 예배 후에는 성경 공부나 2부 행사를 했다. 인원이 많지는 않았지만 참 행복한 시간이었다.

겨울이면 '문학의 밤' 행사가 열렸다. 지방에 있는 교회들에 공문을 보내어 품앗이하듯 돌아가면서 연합 예배를 드렸고 연극, 찬양, 콩트, 율동, 성시 낭독 등을 준비해서 서로 감상하며 친교를 나누었다. 교세가 비슷하거나 더 친밀해진 교회와는 서로 오가며 예배를 드리고 협력해 나갔다.

당시 강화의 감리교단은 내륙과 가까운 동 지방과 반대 방향인 서 지방으로 나뉘었다. 매년 여름, 두 지방의 교회들은 '여름 산상 성회'를 열었는데 동 지방은 마니산 중턱의 마니산 기도원으로, 서 지방은 갈멜산 기도원으로 갔다.

우리 교회는 동 지방에 속했기에 여름만 되면 교회 차를 타고 마니산 기도원으로 가서 성회를 열었다. 기도원에서 예배를 마치면 다 같이 산 중턱에 모여 통성으로 기도했다. 그러고는 각자 너무 멀리 떨어지지 않은 산속에 들어가 나무 앞에 서서 '나무뿌리가 뽑혀 나갈 때까지' 기도하는 시간을 가졌다.

처음에는 두렵고 떨렸다. 혼자서 미지의 숲속으로 들어가는 것만으로도 떨리는데, 거기서 눈을 감고 기도해야 하니 마음이 쿵쾅거려 수시로 눈을 감았다 떴다 했다.

눈을 감으면 각종 소리가 더 잘 들렸다. 벌레 소리, 새소리, 물소리, 바람에 흔들리는 나뭇잎 소리…. 그러다가 저 멀리 산에서 무슨 소리라도 들리면 화들짝 놀라 은근슬쩍 주위를

하나님 마음을 전하는 기도자

둘러보고는 다른 친구가 있는 쪽으로 가까이 갔다.

나는 처음에 나무뿌리를 진짜 뽑아야 하는 줄 알았다. 그래서 애초에 작은 나무를 골라 고래고래 소리를 지르며 기도했다.

"하나님, 나 안 만나주시면 하나님 안 믿을 거예요. 다른 친구들처럼 하고 싶은 거 다 하고 내 맘대로 살 거예요. 있지도 않은 하나님 때문에 제가 왜 시간을 낭비해야 하나요!"

하나님 바짓가랑이를 물고 늘어지듯이 갈급하게 부르짖었다. 하지만 나무는 생각보다 튼튼했다. 뿌리 쪽을 잡고 흔들기도 하고, 잡아 뽑으려 달려들며 기도하기도 했지만 뽑히지 않았다.

그런데 소리 내어 부르짖다 보면 하나님 앞에 간절하게 마음을 쏟아내고 전심으로 기도하게 되었다. 그 순간, 하나님과 그분 앞에 꿇어앉은 나만이 존재했다. 악한 영이 틈탈 여지가 없었다. 그러면서 차츰 기도가 강해졌다. 성령충만한 기도, 악한 영을 대적하는 힘 있는 기도를 배워나갔다.

이후로도 살면서 어려운 일이 있을 때면 산에서 배운 기도를 떠올리며 나무뿌리를 뽑겠다는 심정으로 밤새워 기도했다.

"하나님, 오늘 밤 응답해주실 때까지 기도합니다. 죽기 살기로 기도할 테니 이 일을 해결해주세요."

오기로 기도한 적도 많았다.

"하나님, 오늘 밤 제 생명이 다해도 좋으니 반드시 답을 알려주세요."

그러다 졸기도 많이 했다. 하지만 가난한 심령으로 밤새워 기도하면 하나님께서 친히 만나주셨고 환상도 보여주셨다.

살면서 재정훈련, 건강훈련, 믿음훈련 등 수많은 난관을 맞이했다. 그때마다 어릴 적 훈련한 다소 무식하고 원시적인 산 기도가 나로 하여금 오직 하나님만 의지하여 승리케 하는 단단한 기초석이 되어주었다.

한번은 감리교신학대학교 찬양동아리가 와서 마니산 산상 성회의 찬양 인도를 했다. 당시 고등학생이던 나는 건반을 치던 대학생 오빠가 너무 멋있어 보였다. 잘생긴 건 아니었는데 건반을 자유자재로 다루는 모습이 참 멋졌다.

알고 보니 그 오빠는 강화 동 지방 소속 교회의 목사님 아들이었다. 그래서였을까, 그 여름의 집회는 더 뜨거웠다(내가 청년이 되어 유치원 교사를 할 때 중매가 들어왔다. 상대는 마니산에서 건반을 쳤던 그 멋있는 대학생 오빠의 형이었다. 그의 아버지 목사님이 내가 청년회 활동을 하는 걸 보고 며느리로 삼고 싶다며 우리 교회 담임 목사님을 통해 연락을 주신 거였다. 한 번인가 만났는데, 내가 좋아했던 오빠가 아니어서 매우 아쉬웠다).

산상 성회는 월요일부터 금요일 오전까지 이어졌다. 하루,

이틀, 사흘… 시간이 지날수록 오로지 하나님께만 집중하는 그 시간이 너무 행복했다. 집회 마지막 날 아침, 나는 마니산에서 내려가고 싶지 않았다.

> 베드로가 예수께 여쭈어 이르되
> 주여 우리가 여기 있는 것이 좋사오니
> 만일 주께서 원하시면 내가 여기서 초막 셋을 짓되
> 하나는 주님을 위하여, 하나는 모세를 위하여,
> 하나는 엘리야를 위하여 하리이다 마 17:4

상황은 다르지만, 베드로가 예수님과 하나님의 사람들과 함께 있음이 좋았듯이 나도 하나님과 깊이 교제하는 그 시간이 정말 달콤했다.

자연 하나하나에서 하나님의 숨결을 느꼈고 세상 전체가 하나님의 임재로 충만하게 보였다. 평소 하던 고민거리가 아무것도 아닌 일로 여겨졌다. 돈이나 명예나 권력 등 세상 것에는 흥미가 생기지 않았고, 그 어떤 좋은 것보다 하나님 한 분이면 충분하다고 생각했다.

'이런 성령충만함이야말로 아담과 하와가 에덴동산에서 하나님과 함께하며 누렸던 기쁨이 아니었을까?'

일상으로 돌아가면 이 같은 하나님과의 만남과 교제와 성령충만의 기쁨을 잃을 것 같은 두려움이 있었다.

매해 여름, 나는 하나님만이 나의 참 기쁨이고 생명이심을 뼛속까지 깨닫고 온몸으로 느끼는 일생일대의 소중한 경험을 쌓아갔다.

십일조의 시작

부모님은 농사를 지으셨다. 없는 살림에 땅을 조금씩 늘려가며 우리 삼 남매를 사랑으로 키우셨다. 자랄 때는 몰랐는데, 대학에 들어가서야 내가 얼마나 사랑을 많이 받고 자랐는지를 알게 되었다.

나는 유아교육을 전공하고 한동안 유치원 교사로 일하다가 서울신학대학교에서 사회복지를 공부했다. 그때 기숙사에 살았는데, 가족들이 반찬이며 생필품이며 이것저것을 챙겨주었고 날마다 전화로 내 안부를 물었다. 친구들은 "너희 가정은 참 따뜻하다"라며 몹시 부러워했다.

다 나처럼 자랐겠거니 했는데 의외로 주위에 깨진 가정이 많았다. 다 그런 건 아니겠지만, 신학을 공부하는 학생들에게 상처가 더 많아 보였다.

나는 그런 친구들이 상처와 어려움 속에서 하나님을 더욱 간절히 찾고 깊이 만나며 하나님의 크신 사랑을 경험했기에,

하나님께 삶을 헌신하려 신학교에 오게 된 게 아닐까 생각했다. 친구들을 보며 부유하지는 않아도 아낌없는 사랑으로 잘 키워주신 부모님께 감사했다.

엄마는 하나님을 인격적으로 만난 후에 십일조를 드리길 원하셨다. 그런데 아빠가 믿음이 없으니 그러기가 쉽지 않으셨다.

아빠는 마을 사람들로부터 "법 없이도 살 사람이야"라는 얘기를 들을 정도로 정직하고 성실하며 따뜻한 분이셨다. 그러나 돈의 문제 앞에선 착하고 성실한 게 소용이 없었다.

엄마는 특단의 조치를 취해야겠다고 생각했는지 언니와 나를 데리고 매일 새벽예배에 나가 기도하셨다. 그러면서 우리에게 말씀하셨다.

"기도만이 답이다. 우리 가정이 십일조를 할 수 있도록 아버지의 마음을 변화시켜달라고 함께 기도하자."

언니와 나는 고개를 끄덕이며 새벽마다 하나님께 간절히 기도드렸다.

어린 시절, 하늘을 올려다보면 맑고 깨끗했고 별이 쏟아질 것처럼 많았다. 그때는 시골에 자동차나 먼지가 많지 않아서였을 것이다. 언니와 나는 교회에 오가는 길에 가끔씩 도로 위에 누워 별을 보기도 했다. 은하수처럼 오밀조밀 모여 반짝

이던 별들이 참 아름다웠다. 나와 언니만 기억하는, 우리 마음속에서 여전히 빛나는 아름다운 추억이다.

우리 세 모녀는 봄, 여름, 가을에 이르기까지 새벽예배를 열심히 다녔다. 그리고 드디어 가을걷이의 계절이 돌아왔다. 내가 어릴 때는 벼를 낫으로 베어 동그랗게 묶어서 통째로 발로 밟는 탈곡기에 넣으면 벼만 털어졌다. 엄마는 그렇게 정성스레 벼농사 지은 것의 십일조를 드리고 싶어 하셨다.

하루는 엄마가 아빠에게 조심스럽게 이야기를 꺼내셨다.

"여보, 농사지은 것의 십분의 일을 하나님께 드리고 싶은데…."

아빠는 단칼에 안 된다고 하셨다. 엄마가 작게 항변하셨다.

"농사를 혼자 지었어요? 같이 지었지."

그러자 아빠가 엄마를 놀리듯이 말씀하셨다.

"그럼 한 가마 줄까? 두 가마 줄까?"

엄마의 표정에 '참을 인' 자가 보였다. 그날은 그렇게 유야무야로 이야기가 일단락되었다. 그런데 마지막 논의 벼까지 다 탈곡을 마친 어느 저녁에 아빠가 엄마에게 말씀하셨다.

"나 먼지 묻었으니까 씻기 전에 광방 열쇠 좀 가지고 와."

"열쇠는 왜?"

"니 아버지께 안 가져갈 거면 가져오지 말고."

아빠가 말한 "니 아버지"는 '하나님'이었다. 엄마는 재빨리 열쇠를 가져오셨고, 두 분은 그 해 소출을 헤아리며 정확히 십 분의 일만큼 쌀가마니를 꺼내셨다.

금요일 아침이 되어 아빠가 엄마에게 말씀하셨다.

"너희 교인들에게 얘기해서 십일조니까 가져가라고 해."

엄마는 교인들에게 맡기기보다는 우리가 직접 드리기를 원하셨다. 결국 아빠가 경운기에 쌀가마를 싣고 방앗간에 갔고 쌀을 판 돈을 엄마에게 주셨다.

'돈 앞에 장사(壯士) 없다'라는 말이 있듯이 믿음이 없는 사람이 돈을 거저 내놓는 게 쉬운 일이 아님을 알기에 우리 세 모녀는 하나님께 감사와 영광을 돌렸다.

그 해부터 우리 가족은 온전한 십일조를 드릴 수 있었다. 믿음이 없던 아빠가 십일조를 드리시게 된 것은 매일 새벽예배 자리를 지킨 우리에게 하나님께서 부어주신 은혜요 기도의 열매였다.

놀랍게도, 그 후 새벽예배 때 우리 가족이 특송을 하는 날이면 아빠도 함께 오셔서 알지도 못하는 찬송을 따라 부르기 시작하셨다. 음정은 안 맞아도 열심히 부르시던 아빠가 참 고마웠다. 하나님은 우리의 기도에 늘 신실하게 응답하셨다.

가시밭의 백합화

어느 금요 철야예배 날이었다. 예배 후 기도 시간에 목사님이 아픈 사람을 강대상으로 불러서 한 사람씩 아픈 곳에 안수기도를 해주셨다(이런 기회가 있으면 나는 아프든 안 아프든 자주 나가서 기도를 받았다).

그때 기도를 받은 사람들이 여기저기서 쓰러지고 환상을 보는 일이 있었다. 난 그런 현상들이 궁금해서 가끔은 일부러 쓰러져서 누워있기도 하고, 그러다 잠들기도 했다. 하나님이 보시기에 얼마나 귀여웠을까 싶다.

나는 대학 시절에 처음으로 기도를 받다가 성령의 임재 가운데 쓰러지는 체험을 했다.

어느 집회에 갔는데 목사님이 예배 후에 한 사람씩 나오라고 했다. 사람들이 앞다투어 길게 줄을 섰고 스태프들은 이불을 가져다가 목사님 뒤로 두껍게 깔았다. 또 사역자로 보이는 두 분이 목사님 양옆에 보디가드처럼 서서 비장한 표정으로 만반의 준비를 했다.

첫 타자가 목사님 앞에 가서 섰다. 목사님이 그에게 손을 얹고 기도하자 멀쩡했던 사람이 갑자기 최면에 걸린 듯 뒤로 넘어갔다. 순간 오만가지 생각이 들었다.

'저렇게 순식간에 의식을 잃는다고? 나는 안 넘어가면 어떡하지? 다시 기도해주시려나? 아니다, 뒤에 사람도 많은데 너

무 지체되겠다. 그냥 혼자 넘어질까? 그것도 무서운데…. 넘
어지는 척하다가 자리로 돌아올까?'

사람들이 하나둘 픽픽 쓰러졌고, 순식간에 내 차례가 되었
다. 나는 목사님 앞에 섰다.

목사님이 뭔가를 중얼중얼 기도하셨다. 그러고는 내 얼굴
쪽으로 손을 뻗으셨다. 목사님의 손이 내 이마에서 약 오 센
티미터 떨어진 곳까지 다가왔을 때, 나는 갑자기 정신이 몽롱
해지면서 그대로 뒤로 넘어졌다.

사람의 힘이 아닌 무언가 형용할 수 없는 강력한 힘이 느껴
졌다. 스태프들이 와서 나를 옆으로 옮겨놓았고, 나는 의식이
반쯤 없는 상태로 누워서 기도하다가 정신을 차리고 내 자리
로 돌아왔다.

하루는 교회 근처에 사시던, 앞을 보지 못하는 한 할머니가
교회에 오셨다. 늘 지팡이로 땅을 두드리며 다니시던 할머니
는 눈에 흰자만 보였다.

그날 성도들은 할머니를 위해 기도해드리는 시간을 가졌
다. 특히 목사님의 인도에 따라 악한 영을 내어쫓는 기도를
합심해서 했다.

"예수님의 이름으로 명하노니 할머니를 괴롭히는 악한 영
은 떠나갈지어다!!"

모두 목청껏 기도하며 온 힘을 다해 악한 영을 대적했다. 그런데 이상한 일이 일어났다. 갑자기 할머니에게서 시궁창 냄새가 역하게 나기 시작했다. 목사님은 이를 보고 '악한 영이 떠나가는 냄새'라고 하셨다.

그때 더 놀라운 일이 일어났다. 누워계시던 할머니가 교회 천장에 매달려 있는 형광등을 손으로 가리키며 "하나, 둘, 셋" 하고 세시는 게 아닌가! 좀 전까지만 해도 앞을 보지 못하셨는데, 그야말로 기적이었다.

그뿐만이 아니었다. 어느 순간부터 할머니에게서 시궁창 냄새가 서서히 걷히고 진한 백합 향기가 나기 시작했다. 그 자리에 있던 성도들 모두 믿기지 않는 얼굴로 꽃 향을 맡으며 더욱 기도에 힘을 실었다.

"천지 지으신 우리 여호와 나를 사랑하시니 가시밭의 백합화 예수 향기 날리니 할렐루야 아멘"이라는 복음성가의 가사처럼 하나님께서 진한 백합화의 향기를 통해 그 자리에 있던 모든 이에게 예수님의 살아계심을 알리시는 듯했다.

그날 성도들은 눈앞에서 목격한 기적에 놀라워하며 이루 말할 수 없는 은혜와 기쁨을 느꼈고, 성령님의 생생한 역사하심에 압도되었다.

하나님 마음을 전하는 기도자

진실한 헌금

나는 중학교에 올라가면서 주일학교 보조교사를 시작해 성인이 될 때까지 쉬지 않고 교사로 섬겼다. 교회 일을 많이 하다 보니 교회의 좋은 일과 나쁜 일 등 이런저런 일을 경험하게 되었다. 그중 하나가 재정에 관한 일이었다.

어느 날 목사님이 나를 부르더니 재정 장부 노트를 건네셨다. 그 안에는 일 년간 성도들이 드린 헌금의 액수와 이름이 적혀있었다.

목사님은 헌금 내역을 이름별로 정리하고 통계를 내라고 하셨다. 이 일을 왜 내가 하는지 알 수 없었지만 순종하는 마음으로 열심히 분류했다.

정리하고 보니 성도들의 헌금 액수가 한눈에 들어왔다. 다른 중직들도 많은데 우리 집 헌금이 많은 순서로 다섯 손가락 안에 든다는 것과 늘 앞에서 발언하고 교회 일을 도맡아 하는 것처럼 보였던 사람들의 헌금이 생각보다 적다는 사실에 매우 놀랐다.

'어떻게 앞에서 하는 언행과 실제 헌금 생활이 이렇게 다를 수 있지?'

어린 마음에 이해하기 힘들었다.

한 해가 지나고 목사님이 또 장부 정리를 시키셨다. 이번에도 나는 개인이 하나님 앞에 드린 헌금의 액수를 왜 정리하고 금액이 큰 순으로 줄 세워야 하는지 이해되지 않았다. 그래서 정리를 마치고 목사님께 여쭈었다.

"목사님, 이 일을 왜 해야 하는 거예요?"

목사님이 말씀하셨다.

"교회 일을 하려면 어느 정도 헌금을 많이 내는 사람을 세워서 일을 맡겨야 한다. 헌금을 적게 하는 사람을 중직으로 세울 수는 없단다."

나는 충격을 받았다. 믿음보다 돈을 우선시하는 것 같았다.

'하나님은 사랑이시고 각자 믿음에 따라 형편대로 헌금하는 건데 어떻게 사람을 돈으로 판단할 수 있지?'

목사님은 그런 내 마음을 아셨는지 이후로는 이 일을 시키지 않으셨다.

나는 어른이 되어서야 헌금의 중요성과 필요성, 그 영적인 의미를 깨달았다. 물론 그때의 일을 떠올리면 '목사님이 나를 너무 믿고(?) 그런 중요한 일을 맡기신 게 아닌가' 하는 생각이 들면서도 '내 질문에 직설적인 답이 아닌 고등학생이 이해하게끔 설명해주셨으면 좋았을 텐데' 하는 아쉬움도 남는다.

이 시대는 돈을 최고의 가치로 여긴다. 아닌 척해도, 많은 사람이 생명보다 돈에 더 큰 가치를 부여하며 살아가고 있다.

하나님 마음을 전하는 기도자

대체 돈이 무엇이며 그 힘이 얼마나 강력하길래 부모 자식 간과 형제지간을 갈라놓고, 돈 때문에 칼부림이 나고, 사람의 마음을 그토록 강퍅하게 만드는 걸까.

심지어는 맘몬이 깊숙이 침투한 교회들도 많다. 그런 교회는 영혼 구원과 이웃 사랑보다 돈을 우선시하고 탐심에 휩싸여 교회 재정을 임의로 사용하는 일을 서슴지 않는다. 하나님이 아닌 사람을 기쁘게 하고, 하나님의 영광이 아닌 사람의 공로나 업적을 드러내려 재정을 집행하는 것이다. 이렇듯 많은 교회가 돈으로 인해 타락의 길을 걷고 있다.

돈을 사랑함이 일만 악의 뿌리가 되나니
이것을 탐내는 자들은 미혹을 받아 믿음에서 떠나
많은 근심으로써 자기를 찔렀도다 딤전 6:10

한 사람이 두 주인을 섬기지 못할 것이니
혹 이를 미워하고 저를 사랑하거나
혹 이를 중히 여기고 저를 경히 여김이라
너희가 하나님과 재물을 겸하여 섬기지 못하느니라 마 6:24

네가 이 세대에서 부한 자들을 명하여 마음을 높이지 말고
정함이 없는 재물에 소망을 두지 말고

오직 우리에게 모든 것을 후히 주사

누리게 하시는 하나님께 두며 딤전 6:17

하나님께서 이 시대를 어떻게 바라보실까? 너무나 죄송하고 가슴이 아프다. 마음을 감찰하시고 중심을 꿰뚫어 보시는 하나님 앞에서 우리는 억지로나 인색함이 아닌 기쁨과 감사와 자원하는 마음으로 헌금을 드려야 한다.

나는 헌금을 드릴 때 헌금함 앞에서 늘 기도한다.

"제 죄를 사하시려고 참혹한 십자가에 못 박혀 돌아가신 예수님, 허물과 죄로 죽어 마땅한 저를 구원하셔서 하나님의 자녀로 살아가게 하시니 감사합니다. 제 평생에 주님의 사랑과 은혜를 늘 기억하며 하나님을 더 깊이 알아가고 예수님의 성품을 닮아가게 해주세요. 제 기도와 마음과 이 예물을 받아주세요."

하나님은 만물의 주인이며 전지전능하신 분이다. 그분은 나를 무한히 사랑하시고 끝없이 용서하신다. 이에 대한 나의 감사와 믿음을 작게나마 고백하고 보답하는 것이 바로 헌금의 의미다. 그런 마음으로 드리는 재물이야말로 하나님께서 기뻐 받으신다.

우리의 예배와 찬양, 기도와 말씀, 헌금과 섬김이 거짓된 동기가 아닌 하나님을 사랑하는 진실한 마음에서 우러나오

하나님 마음을 전하는 기도자

는 결과물이길 바란다.

각각 그 마음에 정한 대로 할 것이요

인색함으로나 억지로 하지 말지니

하나님은 즐겨 내는 자를 사랑하시느니라 고후 9:7

주 여호와여

　　주는 나의 소망이시요

내가 어릴 때부터

　　신뢰한 이시라

시 71:5

2
CHAPTER

참 소망을 품다

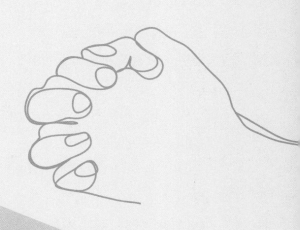

신앙의 더 깊은 차원으로

나는 유치원 교사로 일했다. 일한 지 삼사 년 정도 될 즈음, 심신이 지쳐갔다. 원장선생님의 계속된 원비 독촉과 긴장되는 학부모 상담과 바쁘게 돌아가는 유치원 생활에 돌파구가 필요했다.

그보다 사실 공부를 더 하고 싶었다. 그래서 매일 하나님께 진로에 대해 구했다.

'하나님, 제가 무엇을 통해 하나님께 영광을 돌릴 수 있을까요?'

때마침 사회복지사가 전도유망한 직업으로 뜨고 있었다.

하나님 마음을 전하는 기도자

내 생각에도, 사회복지를 전공해놓으면 훗날 사모가 되었을 때 교회에서 유용하게 쓰일 것 같았다.

기도 끝에 하나님께 확증을 받고 유치원을 퇴사했다. 그리고 서울신학대학교 사회복지학과에 편입했다(예전에 유아교육을 전공할 당시 한 학기 전액 장학금을 받은 성적이 있어서 편입이 가능했다).

나는 대학교 기숙사에서 지내면서, 신앙의 방황기를 거치기도 했다. 당시 내가 출석하던 교회의 목사님은 방언이나 예언을 인정하지 않으셨다. 어릴 때부터 영적인 현상을 체험하며 영적인 일을 사모했던 나로서는 현실적인 기준과 눈에 보이는 것만 강조하고 우선시되는 교회 생활로 인해 마음 한편에 늘 갈증이 있었다. 영적으로 채워지지 않아 답답할 때면 기숙사 꼭대기 층의 기도실에 가서 늦게까지 기도하곤 했다.

그러다가 서서히 거리가 멀다는 이유로 본 교회에 점차 발길을 끊었다. '지금이 아니면 언제 대형 교회에 가볼 수 있겠어' 하는 생각에 주일마다 여러 대형 교회에 가서 예배를 드렸다.

대형 교회의 예배는 순서와 진행이 매끄럽고 시스템이 빈틈없이 잘 짜여있었다. 하지만 예배가 끝나고 나올 때면, 예배를 드렸다는 느낌보다는 한 편의 공연을 보고 관객들과 우르르 나오는 기분이 들었다(지극히 개인적인 생각이다). 그동안 십수 년을 작은 교회에서 성도들과 가족같이 부대끼며 신앙생활을 해왔던 터라, 가히 백화점만 한 크기의 교회에서 군중 속 일원이 되어 드리는 예배가 몹시 어색했다.

여기저기 교회들을 배회하던 중에 기숙사에서 '키사'(KISA, 한국신학생선교회) 소속인 기독교교육과의 한 언니를 만났다. 언니는 예수님처럼 열두 명의 제자를 길러내는 소그룹 모임의 목자로, 한 달에 한 번 드리는 '축제 예배'라는 집회에 나를 여러 번 초청했다. 나는 계속 거절하다가 나중에는 못 이기는 척 따라갔다.

축제 예배는 뜨겁고 열정적이며 자유로운 형식의 예배였다. 그런 예배가 처음인 나는 예배하는 사람들을 보면서 멀뚱멀뚱 어색하게 서있었다. 예배 후에는 소그룹별로 한국NCD 교회개발원에서 발간한 책을 가지고 성경 공부를 했다. 또 주중에는 요일을 정해 목장끼리 모여 편안한 분위기에서 예배를 드리고 삶을 나누었다.

나는 하나하나 참석하며 서서히 그 문화에 익숙해졌다. 그리고 키사와 연결된 몇몇 교회의 성도들이 함께 교제하는 모임에서 한 여자 전도사님과 친해졌다. 나는 그녀를 '언니'라고 불렀고, 전도사님이 섬기던 교회에 출석하기 시작했다.

신학교 졸업 후에는 유치원에 다시 취직해 자격증 준비를 이어갔다. 퇴근하고 지친 몸을 이끌고 도서관에 가서 열심히 공부했다. 일과 공부를 병행하기란 정말 쉽지 않았다. 도서관 모퉁이에서 끔뻑끔뻑 졸며 기를 쓰고 공부하는 나를 주님께서 가엽게 보셨는지, 감사하게도 단번에 합격해 2003년, 사회복지사 1급 자격증을 취득했다.

당시 집은 부천이었고 새롭게 다니게 된 교회는 분당에 있어서 주일 아침마다 첫차를 타고 교회에 갔다. 이 교회에서 신앙생활을 하면서 어릴 때 방언을 받은 후 내게 나타났던 영적인 일들에 대한 궁금증이 해소되기 시작했다.

나는 담임 목사님과 사모님이 가르쳐주시는 대로 성령님과 소통하는 훈련을 했다. 방언, 내적 치유, 재정에 관해 심도 있게 다룬 책들을 공부했고 《십자가의 도》, 《목적이 이끄는 삶》, 《다윗의 장막》, 《은혜 영성의 파워》, 《죄 죽이기》, 《예배인가, 쇼인가!》, 《나는 진짜인가 가짜인가》와 같은 책들을 탐독했다. 그 안에는 여태까지 쌓아올린 내 신앙을 송두리째 뒤집어엎는 내용들이 담겨있었다.

나는 줄곧 교회에서 하나님이나 예수님에 관한 말씀만 듣고 기도했기에 성령 하나님과 친밀하게 대화한다는 건 상상조차 하질 못했다. 그런데 그 책들을 통해 새로운 세계가 있다는 걸 발견했다. 바로 삼위(三位)의 한 분이신 성령님과의 친밀한 교제였다.

그러면서 어릴 때 경험한 영적 세계의 실체를 배웠고 궁금증이 하나둘 풀려갔다. 매번은 아니지만 기도할 때 보고 느끼는 환상에 대해서도 더 깊이 이해할 수 있었다. 실로 영적인 세계는 파고들면 들수록 하나님의 섭리와 신비가 가득한 실상이었다.

십자가 앞에 흘린 눈물

유치원 교사는 아이들을 가르치는 보람과 기쁨이 큰 직업이었다. 하지만 정해진 퇴근 시간이 없고 막중한 업무로 힘들고 지칠 때가 많았다.

그런데도 부천의 집에서 분당에 있는 교회까지 먼 거리를 다니며 주일 저녁 늦게 집에 돌아와도 기쁠 수 있었던 건, 하나님을 더 알고 싶은 열정과 마르지 않는 영적 목마름 때문이었다. 나는 하나님을 아는 일에는 주저함도, 무서움도 없었다.

그즈음 교회의 중고등부가 부흥하면서 새로 부임한 담당 전도사님의 요청으로 토요일에 중고등부 반주자로 섬기게 되었다. 그로 인해 유일하게 쉬는 날마저 교회에 헌납하게 되었지만 섬길 수 있어 감사함이 컸다.

하루는 담임 목사님과 사모님이 나를 불러서 말씀하셨다.

"현주 자매가 처음 교회에 왔을 때 집이 멀어서 떨어져 나가면 어떡하나 했는데, 토요일에도 반주자로 섬기고 주일예배도 빠지지 않는 걸 보며 우리 교인이 됐구나 생각했어요."

부천에서 분당으로 다닌 지 일 년쯤 되었을 때, 나는 교회 가까운 곳으로 직장을 얻어 집도 이사해야겠다고 결심했다. 먼저 교회 근처 유치원을 알아보고 지원한 다음 집을 구했다. 평일에는 시간을 낼 수 없어서 주일예배를 드린 후 방을 보러 다녔고, 그리 좋은 집은 아니었지만 혼자 살기에 충분한 원룸을 계약했다. 형부와 언니가 도와주어서 순조롭게 이사할 수 있었다.

난 하나님 가까이에 거하고 싶었다. 물론 그분은 어디에나 계시지만, 예배당에 더 오래 머무르며 기도하고 싶었다. 직장과 집을 이사하자 교회에 살다시피했다. 수요예배와 금요예배뿐 아니라 결혼하기 전까지는 주일예배 반주자로도 섬겼다. 아이 사무엘이 성소에 머무를 때 하나님의 세미한 음성을 들었던 것처럼, 나도 그분의 음성을 하나라도 더 듣고 싶어 교회에 더 오래 머물렀다.

매일 한 시간은 꼭 기도하고 잠자리에 누웠다. 기도는 내 눈물 버튼이었다. 날마다 예수님의 십자가 앞에 엎드려 울고,

그 사랑에 깊이 잠겼다.

한번은 교회에서 주일 오후에 영화 〈The Passion of the Christ〉를 다 같이 관람했다. 예수님이 십자가에 달리시기 전 마지막 열두 시간을 재현한 영화로 크리스천이면 한 번쯤 보았을 것이다.

영화가 클라이맥스로 치달았고, 예수님이 채찍에 맞으시는 장면이 나왔다. 인간의 모습으로 오신 예수님이 견디기 힘든 고통을 당하시는 장면에서 눈을 제대로 뜨고 있기 힘들었다. 너무 끔찍해서 차마 볼 수가 없었다. 십자가 처형 장면에서는 아예 눈을 질끈 감았다. 그때 곁에 있던 사모님이 말씀하셨다.

"끔찍해도 예수님의 고난을 똑똑히 보고 그 사랑이 어떤 사랑인지를 알아야 한다."

하지만 나는 끝내 제대로 보지 못했다. 예수님의 십자가 고난과 처형을 성경 말씀과 설교를 통해 수없이 들어서 알고는 있었지만 실제적이고 직접적인 영상으로 본 건 처음이었다. 영화가 고증을 얼마나 했는지는 모르나, 생각했던 것보다 십자가형은 훨씬 잔혹했고 예수님의 모습은 실로 처참했다.

몇 달 뒤, 목사님이 설교 중에 그 영화 속 십자가 처형 장면을 다시 보여주셨다. 지난번에 영화를 볼 때 사모님이 하신 말씀이 생각나서 이번에는 눈을 감지 않으려고 최선을 다했다.

처음에는 힘들었다. 하지만 예수님의 피투성이인 몸과 이

하나님 마음을 전하는 기도자

루 말할 수 없는 고통을 눈에 담을수록, 그 사랑이 더 진하게 다가왔다. 나 '조현주'란 사람 때문에 십자가에 못 박혀 온갖 수모를 당하며 참혹하게 돌아가신 예수님의 사랑이 머리가 아닌 마음에 새겨졌다. 그 사랑이 내 가슴을 찢는 듯했다.

'그렇군요, 주님. 이것이 십자가의 사랑이군요. 저 때문에 그 고통스런 십자가에 못 박혀 돌아가셨군요. 너무 죄송하고, 너무 감사합니다.'

나는 십자가 고난을 통해서 보여주신 그 사랑을 더 깊이 깨닫게 해달라고 기도했다.

하루는 마음 깊은 곳에서 이런 기도가 터져 나왔다.

'주님, 저는 영혼을 향한 애틋함이 없습니다. 영혼을 사랑하고 아끼는 마음이 있어야 하는데, 긍휼함으로 바라봐야 하는데 그러지 못하는 자신을 봅니다. 제가 예수님의 사랑을 경험하고 그 사랑을 전하게 해주세요. 아버지의 눈으로 영혼을 바라보고 아버지의 사랑으로 영혼을 품을 수 있게 도와주세요.'

약 삼 년간 간절히 기도했다. 그러던 어느 금요일, 철야예배를 마치고 집에 와서 씻은 뒤 찬양을 틀었다. 십자가를 노래한 찬양을 듣는데 마음속에 한 음성이 들렸다.

'내 딸아, 그 십자가에서 내가 얼마나 외로웠는지 아니?'

아무 대답도 할 수 없었다. 그때까지 그런 생각을 한 번도 해본 적이 없었다. 예수님이 십자가에서 느끼셨던 그 사무치는 외로움이 내게 고스란히 전해졌다. 눈물이 빗물처럼 흘러내렸다.

'그러셨군요, 주님. 제가 몰랐어요. 홀로 가신 그 길이 그렇게 외로우셨는지 정말 몰랐어요. 제게 알려주셔서 감사합니다.'

가슴을 부여잡고 한참을 울며 기도했다. 예수님이 당신의 그 내밀한 마음을 내게 꺼내 보여주신 것 같아서, 내게 더 가까이 다가와 주신 것 같아서 감격스러웠다.

내게 십자가는 '눈물'이다. 지금도 십자가만 생각하면 그 사랑이 너무 크고 아파서 눈물이 흐른다.

너만이라도 기억해다오

하나님께서 십자가 사랑에 대해 자세히 풀어주셨던 또 하나의 기억이 있다(시기적으로는 한참 후에 있었던 일이지만, 그 감격이 무척이나 컸기에 여기서 나누고 싶다).

훗날 남편을 만나 딸을 낳고 교회를 개척했을 때의 일이다. 코로나가 한바탕 휩쓸고 간 뒤로 우리 교회는 목요예배를 드렸는데, 말씀을 나누고 한 시간 정도 기도 시간을 가졌다.

하나님 마음을 전하는 기도자

그날도 나는 자리에 앉아 하나님께 기도를 올려드리려던 참이었다. 입을 떼려는 순간, 예수님이 내게 말씀하기 시작하셨다. 폭포수 같은 그분의 음성이 내 안에 쉼 없이 울려 퍼졌다.

'내가 너를 위하여 그 참혹한 십자가에 못 박혔다. 십자가의 사랑으로 더 깊어져라. 세상 사람들과 구별된 삶을 살아라. 비판, 정죄, 미움을 거두거라. 내가 너를 얼마나 사랑했는지 알기를 원한다. 악한 영이 틈타지 못하게 계속 깨어서 기도해라. 내 사랑하는 딸아, 내게는 십자가의 고통도 이루 말할 수 없었지만 사람들의 조롱과 배반이 더 가슴 아팠단다.'

가슴이 찢어지는 것 같았다. 인간을 너무나 사랑하셔서 육체의 고난을 견디신 그 사랑 앞에 나는 그저 무력한 인간일 뿐이었다. 그 사랑 앞에 대성통곡하는 것 외에 내가 할 수 있는 게 없었다. 나는 예수님에게 여쭈었다.

'예수님, 그 모든 고통을 어떻게 견디셨나요?'

주님이 내게 부어주신 마음은 이러했다.

나는 죽을 것같이 고통스러웠다.
내가 그 고통을 감내할 수 있을지
짐작조차 할 수 없었다. 피가 거꾸로 솟고
살이 다 찢겨나가는 듯한 끔찍한 고통이었다.
나는 완전히 혼자였고 버려진 것 같았다.

그곳에는 나밖에 없었다. 누구도 내 편이 되거나,
내 고통을 이해하거나, 도와줄 수 없었다.
홀로 감내하고 감당해야 할 몫이었다.
다 내려놓고 싶었다. 아무것도 하고 싶지 않았다.

그러나 나는 그 고통을 이겨냈고
하나님 뜻에 순종했다.
너희를 향한 끝없는 사랑 때문이었다.
사람들은 나를 배반하고 욕하고 떠났다.
내 온몸이 갈기갈기 찢겨나갔고
나는 아무것도 할 수 없었다.
그 순간 모든 걸 포기했다.
아버지의 뜻이 이루어지기만을 바라며
나 자신을 포기했다.

나의 사랑아,
너만이라도 그 사랑을, 내가 어떻게
그 고통을 견뎌냈는지를 기억해다오.
십자가를 무겁게 생각해다오.
십자가 고통의 무게를 가볍게 보지 말아다오.
나는 승리했고, 그 십자가가

하나님 마음을 전하는 기도자

너를 구원했다는 것을 기억해다오.

나의 십자가가 있기에 너희가 있고,

나의 십자가가 있기에 구원의 통로가 열렸고,

나의 십자가가 있기에 너희에게 상급이 있고,

나의 십자가가 있기에 천국 문이 열려

너희가 천국에 들어갈 수 있다는 것을 기억해라.

누구든 나의 십자가 사랑과 고통의 무게를 깨닫기 위해

십자가 앞으로 절절한 마음을 가지고 나아오거라.

그리고 아버지 하나님의 마음도 말씀해주셨다. 아들의 살점이 떨어져 나가는 걸 지켜볼 수밖에 없으셨던 아버지의 마음을.

나의 딸아,

너에게 생명보다 귀한 딸이 있지?

그 무엇과도 바꿀 수 없는 사랑스러운 네 딸 말이다.

네 딸이 조금이라도 다치거나 아프면 너는 어떻게 하니?

안절부절못하며 병원으로 달려가지. 나도 똑같단다.

나의 딸아,

나의 아들을 외면할 수밖에 없었던

내 마음을 그 누가 알겠느냐?

나는 내 모든 것이 멈추고 터지는 것 같았고

차마 나의 아들을 바라볼 수 없었단다.

숨을 쉴 수가 없었단다. 너희들의 행실을 보며

나는 견딜 수 없는 고통 가운데 있었단다.

나의 아들을 살릴 수도,

그렇다고 내가 창조한 너희를 죽일 수도 없었단다.

나는 그저 나의 아들의 피가 터지고

살이 찢기는 고통을 지켜볼 수밖에 없었단다.

나의 딸아,

너는 너의 사랑하는 딸을 내어줄 수 있겠니?

십자가를 지켜보는 내 마음은 갈기갈기 찢어졌지만

너 때문에, 나의 자녀들 때문에,

또한 나의 언약을 이루기 위해

나는 내 아들을 외면할 수밖에 없었단다.

나는 가슴을 치고 엉엉 울었다. 나 때문에 십자가의 고통을 온몸으로 감당하신 그 사랑을, 독생자의 비참한 죽음을 외면하면서까지 나를 지켜내신 그 사랑을 내가 어찌 다 이해할 수 있을까.

날카로운 것에 찔리고 조금만 베여도 밤새 쓰라리고 아픈 게 사람인데 온몸이 찢기고 물과 피를 다 쏟아내는 고통을 어찌 감당할 수 있을까. 심지어 그 고통을 내가 아닌 내 딸에게 가한다니, 그걸 용납할 부모가 얼마나 있을까. 그 광경을 보는 부모가 제정신일 수 있을까.

하나님께서 '네 딸을 내어줄 수 있겠니'라고 물으셨을 때 나는 속으로 대답했다.

'아뇨, 저는 못 합니다. 제 생명보다 귀한 딸을 어떻게 내어 줘요.'

죄송했지만 어쩔 수 없었다. 그러자 하나님이 말씀하셨다.

'네 딸을 내어준다고 생각하면 나의 마음을 조금이나마 이해할 수 있을 것이다.'

나는 요한복음 5장 19절 이하의 말씀이 떠올랐다. 하나님께서 예수님에게 허락하신 권한을 기록한 말씀이다.

아버지께서 아무도 심판하지 아니하시고
심판을 다 아들에게 맡기셨으니 요 5:22

선한 일을 행한 자는 생명의 부활로,
악한 일을 행한 자는 심판의 부활로 나오리라 요 5:29

말씀을 묵상하며 문득 이런 생각이 들었다.

'독생자이신 예수님이 인류를 구원하려고 그 모진 고난과 멸시와 조롱을 당하셨기에 하나님께서 그 보상으로 모든 심판의 권한을 예수님에게 주신 게 아닐까?'

인류 역사상 예수님을 부인하고 무시하고 경멸하고 십자가에 못 박은 자들이 다 예수님의 심판을 받을 걸 생각하자 한편으로는 통쾌했다.

그날 목요예배 기도 시간에 주님은 십자가에 담긴 사랑의 무게와 예수님이 흘리신 피의 의미를 깊이 깨닫게 하셨다.

내가 만난 가슴 뜨거운 십자가, 그 무엇과도 바꿀 수 없는 십자가의 예수님, 그분의 사랑의 너비와 길이와 높이와 깊이를 나는 지금도 다 헤아리지 못한다. 그러기에 평생 그 사랑을 알아가고 싶다.

한 번의 기도로 치유되다

다시 과거로 돌아가서, 강화에서 유치원 교사를 했을 때의 일이다. 어느 날 동네에 에어로빅 학원이 처음으로 생겼다.

교회 언니가 내게 말했다.

"현주야, 우리 살도 뺄 겸 건강을 위해 에어로빅 안 할래?"

나는 살면서 춤이란 걸 춰본 적이 없어서 잠시 고민했지만,

도전하고 싶은 마음이 들어 그 언니와 함께 에어로빅 학원에 등록했다. 학원은 꽤 넓었고 작은 찜질방과 샤워 시설이 있었다.

드디어 첫날, 옷을 갈아입고 교실로 들어갔다. 강사님이 인사를 하고 음악을 틀었다. 그러고는 박자에 맞춰 "허! 허!" 하고 구령을 넣으며 에어로빅 동작을 선보였다. 나는 구령도 낯설고 동작도 어렵고 쑥스러워서 따라 하는 시늉만 했다. 그러다가 어느 정도 동작을 익힌 다음에는 곧잘 따라 추었다.

그런데 평소에 운동을 너무 안 해서였는지 에어로빅 동작을 하던 중에 오른쪽 무릎을 삐끗하고 말았다. 며칠 쉬면 낫겠거니 했는데 무릎 통증은 계속됐고, 결국 학원을 얼마 못 다니고 그만두어야 했다.

그 후로도 컨디션이 떨어질 때면 무릎이 가장 먼저 쑤시고 아팠다. 그래도 젊으니 무슨 문제가 있겠나 싶어, 대수롭지 않게 여겼는데 무릎 통증은 점차 빈도가 늘었고 고질병처럼 나를 힘들게 했다.

그 상태로 몇 년이 흘러 분당에 있는 교회에서 금요 철야예배를 드리던 날이었다. 목사님의 설교 후 사모님이 나오셔서 치유에 대해 말씀해주셨다. 그러고는 다 같이 아픈 곳에 손을 얹고 집중적으로 기도하는 시간을 가졌다.

그가 찔림은 우리의 허물 때문이요

그가 상함은 우리의 죄악 때문이라

그가 징계를 받으므로 우리는 평화를 누리고

그가 채찍에 맞으므로 우리는 나음을 받았도다 사 53:5

사모님이 말씀하셨다.

"예수님이 십자가에 못 박혀 돌아가시면서 우리의 질병을 이미 다 고쳐주셨어요. 아픈 곳이 있으면 그곳을 붙잡고 예수님의 이름으로 선포하세요. 이제 아픈 곳이 다 낫고 건강해졌음을 선포하며 기도합시다!"

나는 솔직히 반신반의했다. 하지만 몇 년간 날 따라다닌 무릎 통증이 낫기를 간절히 바랐기에 양손으로 무릎을 잡고 기도했다.

"예수님의 이름으로 명하노니 나의 아픈 무릎은 예수님이 처음 창조하신 건강한 모습으로 돌아갈지어다!"

한참을 기도하는데, 갑자기 무릎이 다 나았다는 확신이 들었다. 조금 움직여 보니 무릎이 평소 같지 않았다. 뻐근하거나 불편한 느낌 없이 가볍고 산뜻했다.

'진짜 나은 건가?'

그렇게 예수님의 치유하심은 단번에, 확실히 일어났다. 그날 이후 이십 년이 지난 지금까지 무릎 통증이 한 번도 느껴지지 않았다.

하나님 마음을 전하는 기도자

치유 집회에서 기도를 받고 병이 나았다는 말을 들으면 놀랍게 여기면서도 내게 그런 일이 일어나리라고는 상상하지 못했다. 그런데 한 번의 기도로 무릎이 낫자, 나를 치유해주신 주님의 마음을 묵상하게 되었다.

당시는 교회 근처로 이사한 지 얼마 되지 않았을 때였다. 하나님을 더 알고 싶어서 집과 직장까지 옮기며 낯선 도시로 온 나를 주님이 예쁘게 보시고 내 믿음이 더 강해지기를 바라셔서 치유의 은혜를 주신 것 같았다. 주님의 마음이 느껴졌다.

'나의 딸아, 나는 지금도 살아 역사하는 하나님이다. 나를 더욱 의지하고 신뢰하거라.'

새 무릎을 주시며 하나님의 살아계심을 깨닫게 해주심에 감사와 영광을 올려드렸다.

콩나물시루 환상

분당 신도시가 지어지고 오리역 아래쪽에 막 새로운 건물들이 세워질 때였다. 집주인에게서 연락이 왔다.

"건물을 헐고 재건축을 할 거니까 이사를 해줘요."

하는 수 없이 오리역 근처에 다른 원룸을 구해야 했다. 이사한 집에서 여느 때와 같이 저녁을 먹은 후 찬양을 틀고 기도를 시작했다. 한참을 기도하며 하나님과 깊은 교제로 들어가는데, 음성이 들려왔다.

'나의 딸아, 에스겔서의 마른 뼈가 생기를 얻은 것처럼 나는 널 영혼을 살리는 자로 사용할 것이고, 널 통해 많은 영혼이 내게로 돌아오게 할 거란다. 나의 딸아, 더 깊이 기도하고 준비하거라.'

여호와께서 권능으로 내게 임재하시고

그의 영으로 나를 데리고 가서

골짜기 가운데 두셨는데 거기 뼈가 가득하더라

나를 그 뼈 사방으로 지나가게 하시기로 본즉

그 골짜기 지면에 뼈가 심히 많고 아주 말랐더라

그가 내게 이르시되

인자야 이 뼈들이 능히 살 수 있겠느냐 하시기로

내가 대답하되 주 여호와여 주께서 아시나이다

또 내게 이르시되

너는 이 모든 뼈에게 대언하여 이르기를

너희 마른 뼈들아 여호와의 말씀을 들을지어다

주 여호와께서 이 뼈들에게 이같이 말씀하시기를

내가 생기를 너희에게 들어가게 하리니 너희가 살아나리라

너희 위에 힘줄을 두고 살을 입히고 가죽으로 덮고

너희 속에 생기를 넣으리니 너희가 살아나리라

하나님 마음을 전하는 기도자

하나님께서는 또 말씀하셨다.

'세상을 바라볼 때 내 마음이 얼마나 아픈지 아니?'

그리고 환상을 보여주셨다. 큰 콩나물시루에 콩나물이 가득했다. 크게 자란 콩나물은 거의 없고 대부분이 바닥에 달라붙어 있었다. 키가 작은 콩나물들은 다닥다닥 붙어서 누가 더 큰지 서로 경쟁하는 듯 보였다.

하나님께서 환상을 풀어주셨다.

'내 딸아, 이 콩나물시루의 콩나물은 나를 믿는 사람들이다. 대부분이 나를 찾지 못하고 바닥에서 자라질 못하고 있구나. 나는 이들이 성장하기를 원하노라. 나를 제대로 알고 믿음이 자라나기를 원하노라.'

하나님 앞에 성숙한 자들이 이토록 없다는 게 충격이었고, 속상했다.

'내 마음도 이렇게 아픈데 하나님은 얼마나 더 아프고 씁쓸하실까?'

나는 간절히 기도했다. 많은 영혼이 하나님의 살아계심을 맛보아 알고 믿음이 성장하기를, 우리의 믿음에 따라 역사하시는 무한하신 하나님을 인생 가운데 반드시 경험하기를.

내가 섬기던 교회의 찬양팀은 건반 반주자와 드럼 연주자, 찬양 인도자, 싱어로 구성되어 있었다. 그런데 찬양팀원들은 예배 때마다 그날의 찬양 악보를 복사해서 사용하고는 아무렇게나 쌓아두기 일쑤였다. 나는 악보를 파일에 정리하면 좋겠다 싶어 큰 파일을 사서 팀원들 이름을 순서대로 써놓고 말했다.

"인도자가 찬양 제목을 알려주면 해당 악보를 각자의 자리에 놓아둘게요. 오후 예배가 끝나면 자기 이름이 적힌 파일에 악보를 꼭 넣어주세요."

처음에는 모두 잘 따라주었다. 하지만 언제부턴가 예배가 끝나자마자 그냥 가버리는 일이 많았다. 그러면 악보 정리는 내 몫이었다. 내 것만 정리하는 건 어렵지 않은데, 오전과 오후 두 번 찬양을 하니 팀원들 것까지 하면 악보 양이 많아 시간도 오래 걸리고 번거로웠다. 매번 혼자서 정리하다가 어느 날은 화가 났다.

'자기가 사용한 악보를 파일에 넣어두는 게 그렇게 어려운 일인가?'

변하지 않는 사람들의 태도를 곱씹으며 혼자 씩씩대고 있는데 성령님의 음성이 들렸다.

'내 딸아, 나는 너 때문에 이루 말할 수 없는 고통을 당하고 십자가에서 죽기까지 너를 사랑했단다. 사람들이 나를 더 깊

이 만나고 변할 때까지 기도하며 기다려주면 안 되겠니?'

할 말이 없었다. 십자가 앞에서 나는 한없이 작아졌다.

'그래, 예수님은 나 때문에 그 모진 고통을 당하셨지. 날 향한 그분의 사랑은 자신을 내어주신 사랑인데 이까짓 악보 정리하는 게 뭐 대단한 일이라고.'

사랑은 오래 참는 거였다. 팀원들이 하나님을 더욱 깊이 만나서 삶이 바뀌고 악보 정리를 제 몫으로 여길 때까지 내가 할 일은 기다리며 기도하는 거였다. 기다림이 곧 사랑이거늘, 나는 내 안에 팀원들을 향한 사랑이 없음을 깨닫고 깊이 회개했다.

그때부터 악보를 자리에 놓아주고 파일에 정리하는 일을 감사함으로 할 수 있었다.

내 말을 네 입에 두었노라

하루는 교회 사모님이 예배를 마치고 나를 부르셨다.

"현주 자매, 우리 내일부터 퇴근하고 교회에서 사십 일 작정 기도할래?"

나는 늘 저녁에 기도했기에 그 제안을 흔쾌히 받아들였다. 다음 날부터 사모님과 나는 매일 저녁 교회에서 만나 한 시간 반 정도를 기도했다.

하루, 이틀, 사흘… 그리고 마지막 사십 일째가 되었다. 그 날도 나는 사모님과 교회에서 찬양을 틀고 기도했다. 각자 기도를 마친 후 사모님이 내게 기도를 해달라고 하셨다.

"저는 못 해요."

"괜찮아, 그냥 입만 열어. 하나님께서 현주 자매의 입을 통해 내게 하실 말씀이 있으셔. 그러니까 기도해줘."

순간 머릿속이 하얘졌다.

'무슨 기도를 어떻게 해야 하지?'

나는 사모님의 말대로 그냥 입만 열었다. 그런데 이상한 일이 일어났다. 입을 여는 순간 혀가 말리는 듯한 느낌이 들었다. 기도를 마치고 내가 무슨 말을 했는지 전혀 기억이 나질 않았다.

사모님은 나를 보고 말씀하셨다.

"그게 바로 대언 기도야. 현주 자매의 첫 대언 기도."

사모님은 예언의 은사가 있는 분으로, 이 일이 있고 나서 내 기도가 열리도록 도와주셨다.

먼저는 내게 다른 사람을 위해 기도해보게 하시고는 맞는 기도인지 검증해주셨다. 또한 직접 만드신 책을 주며 성경에서 말하는 예언에 대해 가르쳐주셨다. 가끔 외부에서 집회가 열리면, 함께 가서 성령님의 임재를 느끼고 성도들의 기도나 행동을 관찰하게 하셨다. 그것이 성령님의 역사인지, 사람의 감정으로 하는 행동인지를 분별하게 하셨고, 그 자리에서 느껴지는 성령님의 마음을 알려달라고 하셨다.

그러던 어느 날 사모님이 이름 세 글자를 내게 보여주며, 그를 위해 기도해보라고 하셨다. 나는 모르는 사람의 이름 석 자만 보고 간절히 기도했다. 신기하게도 그의 마음과 그를 향한 하나님의 마음이 내 안에 부어졌다.

받은 마음을 말씀드리자, 사모님은 내게 심령(마음의 생각) 기도를 참 잘한다고 하셨다. 그리고 교회 안에서 기도를 받으러 오는 성도가 있으면 기꺼이 기도해주라고 하셨다. 이 일련의 섬세한 영적 훈련을 나 혼자 했더라면 기도의 감각이 열리기까지 훨씬 오래 걸렸을 것이다.

내가 결혼하고 교회를 옮긴 후에도 사모님은 이따금 외부 성도들이 올 때면 "와서 기도해줄래?" 하고 연락을 주셨다. 그때마다 가서 기도해드리곤 했다.

기도가 열리기 시작하자 사람들의 마음이 잘 느껴지고 환상도 자주 보였다. 누군가와 대화할 때면 그의 마음이 고스란히 전해졌고, 누군가가 좋은 말을 해도 그 안에 있는 악한 것이 보이기도 했다. 기도하지 않고 느끼려 하지 않아도 저절로 느껴지고 보일 때가 많았다.

지금은 그때처럼 강력하게 느껴지지는 않는다. 그러나 하나님께서 원하시면, 누군가와 얘기하는 중에 내게 말씀하실 때가 있다. 자격 없는 내게 이 귀한 은사를 주시고 하나님의 도구로 사용해주셔서 정말 감사하다.

믿음으로 산다는 것

유치원 교사는 생각보다 일이 많고 신경 쓸 게 많은 직업이다. 방심하는 순간에 아이가 다칠 수 있고 큰 사고로 이어질 수도 있기 때문이다.

한번은 한 학부모가 아이를 집이 아닌 다른 장소에 내려달라고 부탁했다. 그런데 그만 깜빡하고 아이를 집 앞에 내려주고는, 잠시 뒤에 생각이 나서 얼른 돌아가 아이를 다시 태우고 학부모가 부탁했던 곳에 내려주었다. 만일 그새 아이가 다른 데로 훌쩍 가버리거나 위험한 상황에 처했다면 정말 큰일이었을 것이다. 이처럼 유치원 교사는 늘 아이들을 주시하며 정신적으로나 육체적으로 정성을 쏟아부어야 하기에 늘 피곤했다.

하지만 나는 십 년 넘게 일하면서 한 번도 결근한 적이 없었다. 좋게 말하면 책임감이 강했고 나쁘게 말하면 좀 무식했다. 한번은 심한 장염에 걸려 너무 아픈데도 출근을 했다가 오전 수업을 간신히 마치고, 실신 직전에 병원에 도착해서 링거를 맞기도 했다.

십여 년을 그렇게 달려오니 언제부턴가 삶이 너무 고되고 버거웠다. 그래서 한 달만 쉬자는 마음으로 유치원을 그만두었다. 쉬면 다 괜찮아질 줄 알았는데, 막상 퇴사하자 일주일도 견디기 힘들었다. 시간은 안 가고 할 일이 없는 게 더 고역이었다.

아침에 일어나서 세 시간 정도 '시간 떼우기 기도'를 하고 점심을 먹으면 그 후가 문제였다. 하루가 몹시 길었다. 나는 그럴 때마다 교회 사모님이 해주셨던 말을 떠올렸다.

"현주 자매는 일중독이야. 그동안 열심히 일했으니 편안하게 쉬면 돼. 하나님의 자녀는 일을 하든 안 하든 마음이 똑같아야 하는 거야."

'그래, 이것도 내게는 훈련이니 기도하면서 마음을 지켜보자.'

이렇게 다짐하고 하루하루를 보냈다. 그러던 중 담임 목사님이 낮에 시간이 되는 성도들을 대상으로 한 선교회의 교재로 성경 공부를 시작한다고 하셨다. 나는 좋은 기회다 싶어서 기쁘게 참석했다.

오전에 성도들과 함께 성경 공부를 하고 점심을 먹은 뒤 집에 돌아오곤 했다. 그런데 시작한 지 일주일 만에 시간이 맞지 않는 성도가 있어서 주말로 성경 공부 시간이 변경되었다.

다시 시간이 많아지자, 어느 날은 '오늘 하루 일했으면 얼마를 버는 거지' 하면서 월급을 이십 일로 나누어 계산하고 있는 내 모습을 발견했다. 마음 한편에 '한 달 후에 일자리를 구하지 못하면 어떡하나' 하는 불안감도 있었다. 당시 나는 하나님께 전적으로 맡기고 나아갈 믿음의 준비가 전혀 되어 있지 않았다.

그렇게 시간이 흘러 나는 일자리를 다시 알아보기 시작했다. 유치원은 대부분 연말이나 연초에 채용을 하기에 학기 중에는 새로 뽑는 일이 드물었다. 수시로 구직 사이트를 들락거렸지만 내가 사는 곳 가까이에는 마땅한 자리가 없었다. 남은 건 가정 어린이집이었는데, 그곳엔 가고 싶지 않았다.

나는 하나님 앞에 기도했다.

"하나님, 이미 학기가 시작돼서 제가 원하는 일자리가 없습니다. 주님, 도와주세요!"

며칠 뒤 한 달 전에 퇴사했던 유치원에서 연락이 왔다. 원장선생님이 내게 물으셨다.

"지금 쉬고 있으면 다시 출근해줄 수 있을까요?"

날짜를 세어보니 그날이 퇴사한 지 딱 한 달이 되는 날이었다. 알고 보니 내가 초조한 마음에 한 달이 채 지나기 전부터 일자리를 찾고 있었던 거였다.

조금만 기다리면 하나님께서 정확한 때에 예비된 일자리를 주실 거였는데, 내가 '믿음'으로 산다고 하면서 하나님의 일하심을 기대하기는커녕 눈앞의 현실만 보며 불안해했던 모습이 부끄러웠다. 또 지난 한 달간 하나님 안에서 안식하고 여행도 하며 충분히 누릴 수 있었던 시간을 불안함 속에서 허송한 것 같아 후회가 밀려왔다. 그러면서도 나를 세심히 돌보고 책임지시는 하나님께 깊이 감사드렸다.

유치원에 복귀한 나의 하루는 다시 바쁘게 흘러갔다. 그러나 이전과 달랐다. 나를 가장 잘 아시는 아버지께서 나를 실수 없이 책임지신다는 믿음이 생겼기에, 감사를 잃지 않고 안정을 찾아갔다.

우상을 제거하라

아침에 출근해서 잠깐 기도하고 틈나는 대로 성경을 읽었다. 하루는 시편을 읽는데 머릿속에 한 문장이 스쳐 지나갔다.

'세상의 관습, 문화, 습관도 죄다.'

읽던 시편 내용과는 아무 상관이 없는 말씀이었다. 그런데 망치로 머리를 맞은 듯 깨달음이 섬광처럼 임했다.

사람은 태어나면서부터 자기 나라의 문화와 관습에 영향을 받고 자라난다. 특히 어릴 때는 부모의 생활방식을 보고 듣고 배우기에 그걸 당연하게 여기고, 습관처럼 몸에 익힌다.

문제는 그렇게 습득한 세상의 문화를 삶의 일부로 너무나 쉽고 친숙하게 받아들인다는 거다. 적어도 예수님을 믿는 사람이라면 그것이 죄인지 아닌지를 분별해야 하는데 말이다.

쉽게 예를 들면, 생일자에게 초를 불어 끄고 소원을 빌게 하는 보편적인 문화부터 '손톱을 깎고 아무 데나 버리면 안 된다', '문지방을 밟지 마라. 복 날아간다', '중요한 날엔 미역국을 먹지 마라', '빨간색으로 이름을 쓰면 불길하다' 등의 미신적인 생각들과 정월 대보름에 무병장수 기원과 부럼(견과류) 깨는 풍습, 손 없는 날에 이사하는 풍습, 마을 입구에 천하대장군, 지하여장군 세워놓는 풍습, 핼러윈 파티와 같은 외래 귀신 문화, 새해맞이 소원 빌기, 돌탑 쌓기 등의 관습들이 우리 일상생활에 아무렇지 않게 스며들어 있는 걸 발견하게 된다.

특히 오늘날 일상에서 손쉽게 접하는 음악, 춤, 공연, 영화, 드라마, 유튜브 등의 문화와 미디어는 하나님과 관계없이 혹은 하나님을 대적하여 제작된 콘텐츠가 대부분이다. 그런 콘텐츠는 악한 영의 영감을 받아 만들어지거나 주술적인 의미가 담겨있어서 악한 영이 우리 안에 흘러들어올 위험성이 크다. 그러니 잘 분별하고 멀리해야 함은 두말할 것 없다.

하나님께서는 우리가 하나님보다 더 사랑하고 좋아하며 의지하는 것을 전부 '우상'이라고 하셨다. 또 하나님을 찾지 않는 죽은 신앙을 '죄'라고 하셨다.

하나님 마음을 전하는 기도자

이날 불현듯 주님이 주신 깨달음으로 인해 정신이 확 차려졌다. 세상 문화에 잠식당하고 있는 이 세대를 비통하게 바라보시는 주님의 심경이 느껴졌다.

너희는 이 세대를 본받지 말고
오직 마음을 새롭게 함으로 변화를 받아
하나님의 선하시고 기뻐하시고 온전하신 뜻이
무엇인지 분별하도록 하라 롬 12:2

사랑하는 자들아

우리가 서로 사랑하자

사랑은 하나님께 속한 것이니

사랑하는 자마다 하나님으로부터 나서

하나님을 알고

사랑하지 아니하는 자는

하나님을 알지 못하나니

이는 하나님은 사랑이심이라

요일 4:7,8

3
CHAPTER

사랑이 커지다

내 꿈은 사모

나는 어릴 적 방언의 은사를 받은 후 하나님의 일을 하며 살고 싶었다. 당시에는 여성이 목사 안수를 받는 일이 거의 없었기에 사모가 되어야겠다고 다짐했다.

어떤 목사님들은 농담조로 "나는 사모가 되겠다고 하는 사람들이 무서워"라고 하지만, 사모의 자리를 일찌감치 소망한 이들은 그만큼 하나님 앞에서 기도를 쌓고 영적인 준비를 한다고 본다. 또한 여성이 하나님의 일을 하고자 사모가 되겠다고 하는 건, 남성이 목사가 되기를 꿈꾸는 것과 별반 다르지 않다고 생각한다.

하나님 마음을 전하는 기도자

이런 나를 잘 아는 주변 사람들은 내게 예비 목회자를 소개해주었다. 그러나 나는 사모가 되는 것이 하나님의 일을 하는 좁고 특수한 길이라 생각했기에 누군가를 쉽게 만나지 못했다. 젊을 때는 나만의 배우자 기준이 뚜렷해서 몇 차례 만나며 상대를 알아가기보다 첫 만남에 내 기대와 다르면 정중히 거절하곤 했다. 주위에서 "열 가지 중에 한두 가지만 맞아도 일단 만나봐"라는 말을 여럿 할 정도였다.

그러던 중에 지금의 남편을 소개받았다. 섬기던 교회의 여전도사님의 남편분이 서울신대 신학대학원생이었는데, 어느 날 내게 다가와 말했다.

"현주 자매, 학교에 정말 괜찮은 사람이 있는데 한번 만나봐. 남자는 남자가 봐야 아는 거야."

그런데 그 분은 얘기를 꺼내놓고 한동안 별다른 말이 없었다. 그러더니 한참 뒤에야 내게 다시 말했다.

"이 친구가 학생이고 재정이 넉넉하지 않아서 연애할 형편이 안 된다고 하길래 내가 설득했어. 자매 연락처를 줬으니까 곧 연락이 올 거야."

같은 시기에 교회 사모님도 내게 한 전도사님을 소개해주셨다. 동시에 두 사람을 소개 받은 나는 먼저 신학대학원 형제를 만난 후 전도사님을 만나기로 약속을 잡았다.

토요일 오후, 분당 미금역 근처 커피숍에 도착해서 자리를 잡자 얼마 뒤 한 남자가 들어왔다. 마른 체격에 어두운 면바지에 군청색 깔끔한 점퍼를 입고 있었다. 첫인상은 그리 나쁘지 않았고 순수해 보였다.

우리는 각자가 살아온 삶을 진솔하게 나눴다. 그리고 저녁을 먹으러 '아웃백'으로 자리를 옮겨서도 한참을 대화했다(지금도 그 '신학대학원 형제'는 돈도 없는 학생에게 비싼 밥을 사게 했다고 농담한다. 당시 나는 돈을 벌고 있었기에 그곳이 그리 비싸다고 생각하지 못했다). 특히 신앙적인 대화를 많이 나누었고, 얘기하면 할수록 하나님 앞에서 서로의 신앙적 기준이 비슷하다는 걸 발견했다.

그래서 빼곡히 적어놓은 배우자 기도 제목을 잊을 만큼 그를 한 번 더 만나보고 싶었다. 식사를 마치고 우리는 버스정류장에서 못내 아쉬운 인사를 나누며 헤어졌다.

주일 저녁에는 소개 받은 또 다른 전도사님을 만났다. 그리 크지 않은 키에 선한 인상을 한 그는 좋은 배필을 찾기보다는 본인의 목회에 도움이 될 사람을 찾으러 나온 듯했다.

'나'라는 사람 자체를 알고 싶어 하기보다 내가 사모의 자질을 갖추고 있는지, 내 가정이 자신의 목회에 도움이 될지를 파악하려는 의도가 다분히 느껴졌다. 그는 내가 하루에 기도는 몇 시간을 하며 성경은 얼마나 읽는지, 부모님은 무슨 일을 하시고 직분은 무엇인지 등을 자꾸 물었다. 나는 그의 질문이 불편해서 그 자리에서 정중히 거절의 의사를 밝혔다.

신학대학원 형제는 이후로도 계속 문자를 보내왔다. 나중에 들어보니, 그는 첫 만남 때 내가 마음에 들었단다.

우리는 두 번 정도 더 만났다. 하지만 나는 마음 문을 쉽게 열지 못했고 세상 말로 한동안 간만 봤던 것 같다. 그래서였는지 어느 날 그에게 문자가 왔다.

"그동안 부담을 준 것 같아서 미안합니다. 이제는 연락하지 않을게요."

나의 애매한 태도가 그의 마음을 상하게 한 것 같았다. 이대로 영영 다시 볼 수 없을까 봐 덜컥 겁이 났다. 그에게 제대로 사과하고 싶어서 바로 연락을 했다. 그리고 다시 만난 날을 기점으로 교제를 시작했고 결혼까지 하게 되었다.

물론 하나님 앞에 기도해보지도 않고 결혼한 건 아니었다. 그를 놓고 기도할 때 하나님께서는 그가 순수한 사람이며 그 순수함을 귀하게 보신다고 하셨다. 하나님 마음에 합한 순수하고 정직한 사람을 내게 배우자로 주셨다는 마음이 들었다.

처음 만났을 때 나는 서른네 살, 남편은 서른두 살이었다. 남편은 초등학교 4학년 때 아버님이 위암으로 돌아가시기 전까지 부유하게 자랐다. 아버님은 건축회사 부장님으로 영어도 잘하시고 외국 출장도 자주 다니실 만큼 재력 있는 인텔리셨다. 그런 아버지가 돌아가시자 집안 형편이 급격히 어려워졌지만, 다행히 어머님이 직장에 다니고 계셔서 가계를 지탱할 수 있었다.

나중에 어머님은 하나님의 소명을 받으셨다. 그래서 낮에는 직장생활을, 밤에는 서울신학대에서 신학을 공부했고 졸업 후에는 심방 전도사로 십사 년간 사역하셨다. 남편 역시 대학을 졸업하고 사회생활을 하다가 뒤늦게 사명의 길로 들어섰다(남편의 친형도 신학을 공부해서 현재 미국 뉴욕의 한 한인교회 담임 목회자로 섬기고 있다).

나와 만날 당시에 그는 월계동에 살았고, 어머님은 서울제일교회에서 전도사님으로 사역하고 계셨다. 그는 어머님이 사역을 마치고 집에 오시면 어머님 차를 운전해서 분당까지 나를 만나러 오곤 했다. 때론 재정이 넉넉하지 않아 점심을 굶고 그 돈으로 버스를 타고 왔다. 나는 떡볶이나 순대 등 비싸지 않은 음식을 사놓고 그를 기다렸다가 탄천에서 같이 먹으며 데이트를 했다.

이따금 그가 맛있는 걸 먹자며 양식이나 삼계탕 등의 보양식을 사주었다. 그러면서 머쓱한 표정으로 말했다.

"이런 날이 많지 않을 수 있어요."

그의 말에는 사랑하는 사람에게 맘껏 사주질 못하는 아쉬움이 짙게 배어있었다. 하지만 나는 어딜 가서 뭘 먹는지가 크게 상관없었다. 그보다 그와 함께 울고 웃으며 마음을 나누는 모든 순간이 소중했다.

지금도 청년 시절 그의 해사한 미소와 설레고 벅찼던 순간들이 마치 필름 사진처럼 내 기억 속에 간직되어 있다.

사랑만 있으면 되지

하루는 그가 주일예배를 마치고 어머님의 차로 내가 살던 오리역 근처로 왔다. 그러고는 나를 차에 태우고 어딘가로 갔다. 어디로 가는지 물어봐도 말해주지 않았다.

도착한 곳은 산꼭대기에 있는 예쁜 카페였다. 우리는 그곳에서 저녁을 먹었고, 남편은 내게 꽃과 목걸이를 선물하며 프러포즈를 했다. 파란 보석이 박혀있는 14K 목걸이였다.

나는 속으로 생각했다.

'왜 반지가 아니라 목걸이지?'

내 생각을 읽었는지 남편이 말했다.

"꼭 목걸이를 사주고 싶었어요. 반지는 나중에 예쁜 것으로 같이 맞춰요."

가난한 신학생이 이런 프러포즈를 하리라고는 생각지 못했는데, 마음 한편에 '이 사람과 결혼을 하겠구나' 싶었다.

어릴 때는 결혼의 조건으로 '사랑만 있으면 되지'라고 생각했다. 그런데 나이가 들수록 경제적인 부분이 눈에 들어왔다. 남편에게 프러포즈를 받을 당시 그는 대학원 1학기 차였다. 졸업하려면 이 년 반이나 남아있었기에 나는 재정적인 문제가 마음에 걸리기도 했다. 하지만 그를 사랑하는 마음이 커질수록 재정이 결혼의 걸림돌이 아님을 깨달았다. 그때까지 많은 사역자를 만나봤지만 그에게만큼 내 마음을 내어준 사람은 없었다.

게다가 내 나이가 적지 않았다. 남동생이 누나의 결혼을 언제까지고 기다릴 수 없다며 먼저 결혼한 상태였고, 부모님도 결혼에 대한 성화가 심하셔서 통화할 때마다 "좋은 사람 없어?"라고 물으셨다. 엄마는 "하나님께서 좋은 사람을 주실 거야"라고 반드시 덧붙이셨다.

그런 와중에 나는 청혼을 받았고, 우리는 곧장 부모님께 인사를 드리러 갔다. 남편이 학생이어서 부모님이 탐탁지 않아하실까 봐 걱정되기도 했다. 그래서 나는 엄마와 언니에게 미리 전화를 걸어 남편에 대해 이야기하고는 조력을 구했다.

언니는 부모님께 잘 말씀드리겠다며 나를 안심시켰고, 엄마는 이렇게 말씀해주셨다.

"네가 기도하며 만난 사람이니 엄마는 괜찮아. 하나님께서 책임지실 거야."

아직 아빠의 허락이 남아있었지만 엄마와 통화한 후에 마음이 한결 가벼웠다.

우리 집에 인사드리러 간 날, 남편은 긴장을 많이 했다. 중간에 마트에 들렸는데 차 키를 차 안에 두고 문을 잠그는 바람에 자동차 긴급 출동 서비스를 부르는 소동이 있었다. 다행히 문제가 신속히 해결되어 우리는 약속 시간에 겨우 맞춰서 집에 도착했다.

아빠가 예비 사위를 보고 첫마디를 건네셨다.

"자네, 그 빌어먹는 직업으로 내 딸을 데리고 어떻게 살 건가?"

남편은 가만히 듣고만 있었다.

당시 엄마는 좋은 게 생기면 꼭 목사님께 갖다 드렸고, 목사님 댁 아이들에게 간식을 사다 주시는 일도 종종 있었다. 그때까지도 '행사 교인'이셨던 아빠는 그런 모습을 보며 목사님 가정은 성도들이 챙겨줘야 먹고산다고 생각했기에 딸이 고생할 게 걱정되셨던 모양이었다.

아빠는 예비 사위가 마음에 들지 않았지만 딸이 적지 않은 나이여서 결혼을 대놓고 반대하지도 못하셨다. 나는 아빠에게 "우리는 하나님께서 먹이고 입히시니까 걱정하지 마세요"라며 거듭 안심시켜드렸다.

같은 해 12월 25일에 나는 예비 시댁에 인사를 드리러 갔다. 까만 정장에 빨간 코트를 입고 큰 꽃바구니와 고급 파이를 사서 어머님을 찾아뵈었다.

가는 길 내내, 나와 남편과의 나이 차가 내심 걸렸다. '어머님이 내가 남편보다 두 살이 많은 것을 못마땅하게 여기시면 어쩌나' 하는 염려가 올라왔다. 그러던 차에 남편이 사는 동네에 도착했고, 나를 마중 나온 그와 함께 어머님 댁 초인종을 눌렀다.

나를 반갑게 맞아주신 어머님의 첫인상은 고상하고 차분하셨다. 우리는 식사를 하고 이런저런 얘기를 나누었다. 어머님이 남편의 어릴 적과 돌아가신 아버님의 사진을 보여주며 가족의 이야기를 들려주시자 어느새 긴장이 풀리고 마음이 편안했다.

그해 겨울, 양가 상견례를 했고 이듬해 2009년 2월에 서울 제일교회에서 결혼식을 올렸다. 결혼하고 얼마 지나지 않아 어머님이 내게 말씀하셨다.

"현주야, 실은 네가 두 살 연상이어서 큰애와는 동갑이고 큰며느리보다는 나이가 많으니 가정의 위계질서가 흔들릴까 봐 염려되었단다. 그런데 인사하러 온 날 문을 열고 들어오는 너를 본 순간, 하나님께서 우리 가정에 예비하신 식구라는 마음이 강하게 들었어.

그날 네가 가고 기도를 하는데 하나님께서 이렇게 말씀하셨단다. '겨우 두 살이 대수냐. 옛날에는 어떻게 결혼했나 생각해봐라. 아내의 나이가 남편보다 더 많은 시대가 있지 않았느냐. 그 아이는 너희 가정에 예비한 복덩이라.' 나는 하나님께서 예비하신 복을 놓칠 뻔했구나 싶어 너무나 감사했단다.

또 어느 날은 기도하는데, 하나님께서 '성경 지식은 네가 더 많지만, 영성은 너보다 좋은 아이'라고 너에 대해 말씀해주셨단다."

우리는 부천 오정구의 작은 빌라 5층에 신혼집을 마련했다. 내가 살던 분당의 원룸보다 조금 컸지만, 전세가는 더 낮았다. 그만큼 열악했다.

방을 얻을 때 내가 "5층을 어떻게 오르락내리락해요?" 하고 얘기했더니 남편은 "내가 자주 업고 다닐게요"라며 달래주었다. 그 말이 그나마 위로가 되었다. 한겨울에는 너무 추워서 집에서도 점퍼를 입어야 했고, 가끔 어머님 댁에 며칠씩 피신해있기도 했다.

집은 추웠지만 둘이 있는 것이 행복했다. 된장찌개 한 번 끓여본 적 없던 나는 요리책을 보며 정성껏 음식을 만들었다. 남편이 맛있게 먹으면 그렇게 기분이 좋을 수 없었다. 내가 먹는 모습만 봐도 흐뭇해하며 배부르다던 엄마의 마음을 이제야 알 것 같았다. 우리는 가끔 빌라 옆에 있는 재래시장에 손잡고 가서 떡볶이를 먹고 장을 봐 오기도 했다.

하루는 남편과 이야기를 하는데, 그가 놀이공원에 가본 적이 없다고 했다. 아버님이 일찍 돌아가신 뒤로 가족과 함께 놀러 갈 여유가 없었던 거다. 나는 마음이 안타까워서 날을 잡고 남편과 놀이동산에 갔다.

어지러워서 놀이기구를 잘 타지 못하는 나와 달리, 남편은 어린아이처럼 신나서 이것저것 타러 다녔다. 어떤 놀이기구는 내리자마자 다시 줄을 서서 여러 번 타기도 했다(남편 말로는 그날 자기가 마흔 번 넘게 놀이기구를 탔단다). 우리는 긴 줄을 기다리는 시간마저도 행복했다.

내 인생에 남편이라는 존재가 하나 들어온 것뿐인데, 그와 함께하는 작은 일상 하나하나가 소중하고 즐겁고 빛났다. 무엇보다 사랑하는 사람과 하나님 앞에서 같은 마음을 품고 기도하며 살아갈 수 있음에 더없이 행복했다.

그즈음 너무도 감사한 일이 있었다. 하나님께서 아빠를 강력하게 만나주셨다. 내가 결혼하고 몇 년 후, 아빠가 아픈 다리를 수술하고 퇴원하신 지 얼마 되지 않았을 때였다. 남편과 나는 부모님을 뵈러 친정에 갔다.

당시 부모님이 다니시던 교회는 단독 건물 2층에 예배당이

하나님 마음을 전하는 기도자

있어서 예배를 드리려면 계단을 올라가야 했다.

아빠가 말씀하셨다.

"현주야, 내가 주일에 엄마랑 예배를 드리러 교회에 도착해서 계단을 올라갔거든. 예배당에서 찬송가 소리가 들려오는데 갑자기 눈물이 주체할 수 없이 쏟아지는 거야. 도저히 멈출 수가 없었다. 눈물이 어떻게 그렇게 쏟아지냐. 그때 내 안에 '하나님이 진짜 살아계시는구나' 하는 마음이 생겨났다."

나는 아빠에게 물었다.

"아빠, 그 찬송가가 뭐였어요?"

아빠가 잠시 생각하더니 작게 읊조리셨다.

"주 예수의 강림이 가까우니 저 천국을 얻을 자 회개하라~"

이제 아빠는 시간이 날 때마다 성경을 읽으신다. 남편과 나는 연세가 많으신 아빠가 구원을 확신하시도록 가끔 신앙 점검을 해드리는데, 최근에는 아빠가 이렇게 말씀하셨다.

"내가 먼저 천국에 가있을 테니까 천천히 와."

나는 하나님께 감사해서 눈물이 났다.

하나님이 주신 딸

결혼 직전에 서울제일교회 외국인 예배부 담당 전도사님

이 미국으로 유학을 가시는 바람에 남편이 그 자리를 맡게 되었다. 외국인 예배부는 모든 사역이 영어로 이루어졌다. 남편은 큰 부담을 느꼈지만 하나님께 맡기고 사역을 시작했다.

주일마다 우리 부부는 예배를 드리러 부천에서 서울로 전철을 타고 다녔다. 오전 예배를 드리고 식사한 후에 외국인 예배부 사역을 했는데, 다 마치면 시간도 늦고 몸도 지쳐서 어머님 댁에서 자고 오곤 했다.

그런 우리가 전철을 타고 다니는 게 마음에 걸렸는지 엄마가 경차라도 알아보라고 하셨다. 감사하게도 엄마의 도움으로 우리는 삼 년 된 중고차를 장만할 수 있었다(딸이 태어나고 세 살이 될 때까지 우리의 두 발이 되어준 고마운 차다).

십 년 넘게 직장생활을 했던 나는 결혼 후에 일을 그만두었다. 좀 쉬다가 일자리를 구하려 했는데, 몇 달 뒤 임신을 했다.

산부인과에서 처음 아기의 심장 소리를 들은 날이 아직도 생생하다. 내 배 속에 생명이 자라고 있다는 게 너무 신기했다. 그 작은 심장이 쿵쾅쿵쾅 뛰는데, 마치 아기가 "아빠 엄마, 나 여기 있어요. 나 살아있어요" 하고 말을 건네는 듯했다. 이루 말할 수 없는 감동과 기쁨이 밀려왔다. 우리는 그 자리에서 태명을 '기쁨이'로 지었다.

의사 선생님은 핏기가 보이니 조심하라고 당부하셨다. 하지만 결혼하고 첫 명절도 다가오고 외국인 예배부 행사도 준비하고 있을 때라 몸을 사리기 힘들었다. 난 '조심하면 괜찮겠지'라는 생각으로 명절과 교회 행사 준비에 최선을 다했다.

다시 병원에 갔는데 계류유산이라고 했다. 의사 선생님은 "아기가 약해서 유산된 거니까 자신을 탓하지 마세요"라며 나를 다독였지만, 나는 그렇게 생각할 수가 없었다.

'내가 좀 더 조심했더라면 아기가 괜찮지 않았을까?'

마음이 무거웠다. 아기에게 미안했다. 아픔과 죄책감이 옅어지기까지 일 년이 넘게 걸렸다.

나는 아기를 잃고 나서 이유 없이 아팠다. 잘 먹지 못했고 숨을 쉬기가 힘들었다. 동네 병원에 다니다가 대학병원에서 검사도 받아봤지만 아무 문제가 없다고 했다. 그렇게 원인도 모른 채 밤마다 숨을 쉬기가 힘들어서 일어나 멍하니 앉아있다가 아침을 맞곤 했다.

이대로는 안 되겠다 싶어 혼자 어머님 댁에서 가까운 기도원에 갔다. 모든 집회에 참석하고 늘 마지막까지 기도하다가 나왔다. 결혼한 지 얼마 되지도 않았고 '이렇게 숨을 못 쉬면 앞으로 어떻게 사나?' 하고 막막했다.

나는 하나님께 간절히 부르짖었다.

"하나님, 저를 고치시고 건강을 주세요. 제게 긍휼을 베풀어주세요. 그리고 다시 아기를 주세요. 임신하면 약도 못 먹는데 이렇게 아프면 어떻게 합니까?"

사박 오일간 마음을 다해 기도했다. 마지막 날, 하나님의 음성이 들려왔다.

'나의 딸아, 내가 네게 아기를 줄 것이다. 그 아기는 특별한 아기니라.'

기도원에서 돌아온 후 서서히 몸이 좋아졌다. 하나님의 일하심이 느껴졌다. 그러자 나이 때문에 임신을 서둘러야 한다는 세상 통념과 내면의 조급함을 뒤로한 채 하나님이 주신 약속만 붙들 수 있었다.

기도하던 어느 날, 남편에게 조심스레 임신 이야기를 꺼냈다. 아직 몸이 다 회복된 건 아니었지만 하나님께서 아기를 주신다고 하셨으니 책임지실 거라는 믿음으로 우리는 임신 준비를 했다.

몇 개월 후 하나님께서는 정말로 아기를 선물로 보내주셨다. 임신하고부터 아팠던 증상도 모조리 사라졌다. 한 번 아이를 잃어봤기에 내 배 속에 잉태된 생명이 얼마나 소중한지를 갑절로 느꼈다. 슬픔의 터널을 지나 빛을 보게 하신 하나님의 사랑을 또 한 번 깊이 느꼈다.

임신 초반에 피가 살짝 비쳐서 긴장했지만 다행히 별문제가 없었고, 이후 언니네에서 한 달간 지내며 영육이 평안한

하나님 마음을 전하는 기도자

시간을 보냈다. 그런데 나는 '먹덧'을 했다. 배가 고프면 잠을 못 잘 수도 있다는 걸 살면서 처음 경험했다. 특히 소고기와 멜론이 자주 먹고 싶었다. 소고깃값도 만만치 않았지만, 멜론 역시 한 통에 거의 삼만 원이나 하던 때였다.

그런데도 언니는 나를 위해 소고기를 사다가 김치냉장고에 넣어놓고 조카들이 등교하고 나면 점심때 구워주었다. 멜론도 내가 언제든 먹을 수 있게 깎아서 통에 담아 냉장고에 넣어놓았다. 나는 자다가 배가 고프면 일어나서 멜론을 먹고 다시 잠들었다(그래서인지 딸이 고기와 멜론을 좋아한다. 나와 태어날 조카를 사랑으로 돌봐준 언니에게 고마움을 전하고 싶다).

한 달 후 나는 건강한 모습으로 집에 돌아왔다. 그리고 출산 일주일 전까지 교회 청년들을 초대해서 떡국을 끓여줄 정도로 기운이 넘쳤고, 예정일에 맞춰 건강한 딸아이를 순산했다. 나의 기도를 들으시고 소중한 생명을 허락해주신 하나님께 영광을 돌렸다.

살기 위해 드렸어요

남편은 외국인 예배부를 담당하면서 매월 육십만 원 조금 넘는 사례비를 받았다. 결혼하면서는 엄마와 어머님이 축의금 일부를 주셔서 한동안 살아갈 수 있었고, 언니가 종종 마트에서 시장을 한가득 봐주기도 했다.

그렇게 근근이 아끼며 살던 어느 날, 문득 가계부를 써야겠다는 생각이 들었다. 결혼 전까지는 내가 벌어서 내 임의로 사용했기에 돈이 부족하다고 생각해본 적이 없었는데, 결혼하고 직장을 관둔 후부터는 현실이 보이기 시작했다.

그즈음에 나는 임신을 했고 아기를 낳아 키울 생각을 하니 마음이 더 조급했다. 그러나 얼마 후 유산을 하고 숨을 제대로 못 쉴 정도로 아파서 아무것도 할 수 없게 되자 크게 깨닫게 되었다.

'내가 하나님의 일을 한다면서 돈에 매여있었구나. 삶에서 중요한 건 돈과 명예가 아닌 생명이고 건강이구나. 그걸 잃으면 아무것도 의미가 없구나. 하나님께서 내 생명을 거둬가시면 다 끝이구나.'

육신의 아픔은 또 다른 성숙을 가져다주었다. 나는 고통의 시간을 거치면서 생명의 주관자이신 하나님께 모든 필요와 재정을 맡겨드리기로 결심하게 되었다. 열심히 써오던 가계부도 덧없게 느껴졌다.

'내가 가계부를 아무리 꼼꼼히 쓰고 전전긍긍한들 얼마나 저축할 수 있을까? 온 천지 만물의 주인이신 하나님만을 신뢰하자.'

누군가는 어리석다고 할지 모르지만, 나는 그 후로 단 한 번도 가계부를 쓰지 않았다. 대신 우리 부부는 매일 찬양을 틀어놓고 주님의 채우심을 바라며 무릎 꿇고 기도했다.

남편이 신학대학원 마지막 학기를 남겨둔 시점에 우리는 전담 사역지를 놓고 기도했다. 기도 중에 하나님께서는 작고 예쁜 교회를 보여주셨다.

마침 지인 목사님이 함께 사역하자고 제안해서 그 교회에 찾아갔는데, 하나님이 허락하셨다는 감동이 오지 않아 정중히 거절했다. 이후 남편이 몇 군데에 원서를 넣고 면접을 보았지만 응답이 없어서 계속 기도하며 기다리고만 있었다.

그러던 어느 날, 어머님이 전화를 하셨다. 해외에 계시던 친한 선교사님이 담임 목사 청빙을 받아 한국에 들어오시는데 우리와 함께 사역하고 싶어 하신다는 거였다. 희한하게 그 소식을 듣는데 마음이 평안했다. 우리 부부는 곧장 기도했고, 둘 다 '여기구나'라는 확신을 얻었다.

며칠 뒤 남편과 나는 그 목사님을 만나 사역할 교회를 함께 둘러보러 갔다. 그곳은 다름 아닌, 기도 가운데 보았던 작은 마당이 있는 예쁜 교회였다. 환상이 눈앞에 현실로 나타나자 감격스러웠다.

우리는 외국인 예배부를 다음 교역자에게 잘 인수인계하고 다음 사역지인 교회 근처로 이사를 했다. 그즈음 하나님께서는 우리 가정에 예쁜 아기도 보내주셨다.

우리 부부는 결혼 후 재정의 어려움을 겪으면서 하나님 앞에 한 가지 약속을 드렸었다.

"사역지에서의 첫 열매는 무조건 하나님께 드리겠습니다!"

이는 하나님께서 우리의 길을 인도하며 책임지실 걸 믿고 믿음으로 한 약속이었다. 그래서 사역지를 옮기고 첫 달이 지났을 때 첫 열매를 기쁨으로 올려드렸다.

담임 목사님이 물으셨다.

"첫 열매를 다 드리면 어떻게 살아요?"

내가 대답했다.

"살기 위해서 드렸어요."

목사님이 말씀하셨다.

"그게 정답이네요."

첫 사역지에서 하나님께서 주신 귀한 생명이 우리 가정에 태어났다. 딸의 이름은 '주원'이다. 한자로 '주인 주'(主)에 '바랄 원'(願)을 써서 우리의 참 주인이 되시는 하나님만을 바라고 원하는 삶을 살라는 뜻을 담았다. 또 남편과 내 이름에서 한 글자씩을 딴 것이기도 하다.

주원이는 낯을 많이 가렸다. 생후 이 개월부터 아빠에게도 가지 않아서 아빠가 안을 때는 아이가 아빠 얼굴을 볼 수 없

120

도록 안아야 했다. 딸은 교회 성도님들의 사랑도 많이 받았다. 하지만 누군가가 "주원아~" 하고 이름을 부르면 얼굴을 휙 돌리고 칭얼대서 별명이 '얼음공주'였다.

아이가 태어난 지 삼 개월이 조금 지나 새해를 맞이했을 때, 남편이 말했다.

"우리 한 해의 첫 열매를 드릴까요?"

"그래요, 알았어요."

대답은 했지만 마음이 편치만은 않았다. 문득 스치는 생각 때문이었다.

'주원이 분유와 기저귀 값은 어떻게 하지?'

매년 한 해의 첫 열매를 드리는 것과 사역지를 옮길 때마다 첫 열매를 드리는 건 다른 문제였다. 하지만 난 남편의 뜻대로 한 해의 첫 열매를 드리며 기도했다.

"하나님, 저희 형편을 다 아시지요? 올 한 해를 하나님께 믿음으로 의탁합니다."

그런데 그 후로 놀라운 일들이 일어났다. 한 지인이 오랜만에 연락을 해오며 아이의 기저귀와 분유를 보내주겠다고 했다. 그뿐 아니라 현금 백만 원을 통장으로 보내주었다. 이런 일들은 우리 가정에 무언가 필요가 생길 때마다 반복되었다.

하나님은 너무나 정확하게, 그것도 예상치 못한 방법으로 세심하게 필요를 채우셨다. 덕분에 우리 가족은 한 달 한 달

하늘의 공급하심을 경험했고 감사와 기쁨으로 지낼 수 있었다. 더 이상 번민하지 않고 하나님을 신뢰하며 첫 열매를 기꺼이 드릴 수 있었다.

> 내가 까마귀들에게 명령하여 거기서 너를 먹이게 하리라
> 까마귀들이 아침에도 떡과 고기를,
> 저녁에도 떡과 고기를 가져왔고 왕상 17:4,6

사랑의 관계

딸이 유치원을 다닐 때였다. 아이가 내게 물었다.

"엄마는 세상에서 누가 제일 좋아? 하나님이야?"

순간 당황했다. 딸이라고 할 수도 없고, 하나님이라고 할 수도 없었다. 나는 딸에게 물었다.

"주원이는 왜 엄마가 하나님을 제일 좋아할 거라고 생각했어?"

그러자 딸이 말했다.

"엄마는 맨날 기도하니까."

그 말이 고마웠다. 엄마의 기도하는 모습을 늘 봐온 딸이었다. 나는 딸에게 말해주었다.

"주원아, 이 세상에는 눈에 보이는 세계가 있고, 눈에 보이

하나님 마음을 전하는 기도자

지 않는 세계가 있어. 눈에 보이는 세계는 주원이와 엄마가 사는 세상이고, 눈에 보이지 않는 세계는 하나님이 살고 계시는 곳이야. 엄마는 보이는 세계인 이 세상에서는 주원이가 제일 좋고, 보이지 않는 세계인 하늘나라에서는 하나님이 제일 좋아. 그러니까 주원이도 하나님도 일등으로 좋은 거야.”

남편과 딸이 생기면서 소중한 사람이 늘어났다. 연애할 때는 몰랐는데, 결혼하고 남편과 살면서 서로 살아온 환경이 다르다 보니 이해하지 못하는 일이 많았다. 하지만 그럴 때마다 남편이 나에게 어떤 존재인지를 떠올렸다.

‘내가 이 사람 없이 살 수 있을까?’

이 질문 앞에 서면 그를 품고 이해하게 되었다.

가끔 결혼을 앞둔 청년들이 혼수 문제나 성격 차이로 예비 배우자와 다투고 내게 상담을 요청해오면, 나는 이 질문을 한다.

“그 사람 없이 살 수 있어요? 그 사람이 소중한가요?”

‘살 수 있다’라고 답하는 이에게는 조심스레 결혼을 다시 생각해보라고 권하지만, ‘살 수 없다’라고 답하는 이에게는 이렇게 말해준다.

“그러면 이해하고 사랑하세요. 내게 없어서는 안 될 존재라면 상대를 품고, 하나님 앞에 두 사람이 기도하면서 가요.”

모든 이가 그렇겠지만 사랑하는 사람이 있다는 건 참 행복하고 소중한 일이다.

딸이 다섯 살 때였다. 기도 중에 하나님께서 내게 물으셨다.

'나의 딸아, 네게도 딸이 참 소중하고 예쁘지? 딸아, 사랑의 관계가 어떤 것인지 아니? 사랑의 관계란 머릿속에서 떠나지 않는 거란다. 무엇을 하든 항상 생각나고 보고 싶고, 이 아이가 어디 아프지는 않은지, 친구들과 잘 지내고 있는지 머릿속에서 떠나지를 않는 게 바로 사랑의 관계란다.'

나는 기도하면서 펑펑 울었다.

'내 딸이 머릿속에서 떠나지 않는 것처럼 나는 하나님을 그렇게 사랑하고 있나?'

돌이켜보니 내 사랑은 나뉘어 있었다. 남편에게 몇 퍼센트, 딸에게 몇 퍼센트, 하나님께 몇 퍼센트. 그중 보살펴야 하는 어린 딸이 가장 큰 비중을 차지했다.

하나님께서는 내가 하나님과 더 깊이 교제하길 바라셨다. 사랑이 깊어질수록 더 보고 싶고 헤어지기 싫고 안달이 나는 것처럼 하나님은 나와 마음을 함께하는 믿음의 동행을 하자고 하셨다. 그분의 따뜻한 음성이 마음에 울렸다.

'나의 딸아, 나는 먼 곳에 있는 하나님이 아니라 늘 네 옆에 있는 친밀한 사랑의 하나님이야.'

훈련과 깨달음의 시간

남편의 첫 전담 사역지에서 삼 년이 조금 넘었을 때였다. 갑자기 담임 목사님이 다시 선교지로 돌아간다 하셨고, 무슨 사정인지 새로 부임할 분이 정해지기 전에 떠나셨다. 그로 인해 남편은 전반적인 설교와 교회 일을 도맡아 하느라 바쁜 하루하루를 보내야 했다. 그리고 사 개월 후, 새로운 담임 목사님이 부임하셨다.

우리가 겪었던 일들을 여기서 다 말할 수는 없다. 하지만 이런저런 일들로 인해 남편과 내가 교회에 더는 머무를 수 없는 상황이 벌어졌다.

나는 사모가 목사인 남편을 도와 하나님의 일을 열심히 하기만 하면 되는 줄 알았다. 그런데 때로는 교회 안팎의 문제를 봐도 못 본 척, 들려도 못 들은 척, 알아도 모르는 척해야 했고, 너무 나서도 안 되며 시키는 일만 잘해야 할 때가 많았다.

부교역자 사모는 그런 제약이 더욱 엄격했다. 담임 목사님이나 사모님보다 더 오래 기도하는 것마저 눈치가 보였다. 내 행실이 남편의 목회에 방해가 될까 봐 이것저것 살피고 조심해야 했다. 그러다 보니 무슨 일에든지 내 의견이나 주장을 내세우기보다는 늘 웃으며 "예"라고 대답하는, 이른바 '예스맨'이 되어갔다. 사모로 살면서 스스로가 점점 작아지는 기분이 들었다.

결국 남편은 담임 목사님이 새로 부임한 지 두 달이 못 되어서 사임하게 되었다. 6월까지 사역하고 그만둔 상황에서 새로운 사역지를 찾는 건 쉽지 않았다. 그러나 예상한 일이었기에 조급하지 않았고, 하나님께서 먹이고 입히실 것을 믿으며 온 가족이 함께하는 시간을 가졌다.

기도하며 지내던 중 일본에 계신 아는 선교사님으로부터 연락이 왔다. 선교사님은 남편이 일본인과 성향이 잘 맞는 것 같다고 종종 말씀하셨었는데, 이번 기회에 선교지도 둘러볼 겸 한번 오라고 하셨다. 우리도 이럴 때 아니면 못 가볼 것 같아서 일본행 비행기를 탔다.

선교사님이 계신 곳은 '유후인'이라는 지역이었다. 화산 지대라서 온천이 곳곳에 있고 유황 냄새가 났으며, 지나는 길 주변 산 여기저기서 연기가 나는 걸 볼 수 있었다. 일본에 처음 간 우리는 모든 게 신기하기만 했다.

선교사님의 사택은 깔끔하고 아늑했다. 가까운 거리에 동네 사람들을 위한 자그마한 온천이 있었는데 백 엔만 내면 들어갈 수 있었다.

다음 날 선교사님이 사역하시는 교회에 가서 예배를 드리고 선교센터 부지를 둘러보았다. 선교사님은 우리에게 기도해보고 일본에 대한 마음이 있으면 함께하자고 제안하셨다.

우리는 며칠간 일본에 머물며 가끔 온천에 갔고, 선교사님과 사역과 신앙에 관한 이야기를 나누었다.

한국에 돌아온 지 얼마 지나지 않아 또 다른 지인으로부터 사역지를 소개 받았다. 기도하자 하나님께서는 '괜찮다'라고 말씀하셨고, 우리는 다음 행선지를 그 사역지로 정했다.

교회에서 멀지 않은 곳에 부교역자 사택이 있었다. 딸은 교회에서 운영하는 어린이집에 다니게 되었는데, 감사하게도 목사님이 입학금을 면제해주셨다.

부교역자 사모인 나는 주일 오전 열한 시 예배 때 자녀를 데리고 오는 부모들이 예배에 온전히 집중할 수 있도록 아이들을 돌봐주며 영유아부 예배를 인도했다.

아이들은 세 살부터 일곱 살까지였다. 인원이 많지는 않았지만 나이가 다 달라서 말씀을 준비하는 게 쉽지 않았다. 무엇보다 오전 주일예배를 드릴 수 없는 게 가장 마음 아팠다. 하지만 순종하는 마음으로 영유아부 예배를 준비했고 아이들을 말씀으로 가르쳤다.

하루는 하나님께 내 마음을 아뢰었다.

"하나님, 저도 오전 예배를 드리고 싶습니다. 어쩔 수 없이 오후 예배를 드려야 하지만, 제 마음은 더 간절합니다."

'내 딸아, 내가 너를 사랑한다. 평안하라.'

태초에 주께서 빛이 있으라 하시니 빛이 있었던 것처럼, 하나님의 위엄 있는 음성이 평안하라 하시니 내 마음에 놀라운 평안이 임했다.

하루는 담임 목사님이 내가 유아교육 전공인 걸 아시고 어린이집 교사를 하길 권하셨다. 하지만 나는 정중히 거절했다. 그런데 몇 달이 지난 어느 날, 퇴근하고 들어온 남편이 말했다.

"자기가 어린이집 아이들을 데리고 여름성경학교를 맡아서 해주면 좋겠다고 목사님이 말씀하시던데요."

솔직히 이해되지 않았지만, 이번에도 순종하는 마음으로 어린이집 여름성경학교를 준비했다. 교사들과는 기도 모임만 가졌고, 거의 모든 프로그램을 직접 짜며 필요한 준비물은 남편과 사러 다녔다.

짧은 여름방학이 시작되었고 여름성경학교가 열렸다. 등록 첫날, 약 오륙십 명의 아이들이 교회에 왔다. 목사님과 교사들은 이렇게 많이 오리라고는 생각을 못 했는지, 혼자 애쓰고 있던 나를 물심양면으로 도와주셨다. 덕분에 여름성경학교를 은혜 가운데 잘 마칠 수 있었다.

그런데 여름이 지나고 가을이 되면서 남편의 몸에 이상증세가 나타나기 시작했다. 교회 사역과 어린이집 차량 운행 등을 병행하며 지속된 수면 부족이 면역력 저하로 이어진 것 같았다.

남편은 평상시에도 내게 습관처럼 말했다.

"일 년 정도 성경만 봤으면 좋겠다."

나는 그 말을 떠올리며 남편에게 쉼을 권했다.

"주원이와 나는 어떻게든 먹고살 테니까 걱정하지 말고 일 년 정도 사역을 내려놓고 하고 싶은 것 해요."

남편은 내 제안을 받아들였고, 얼마 뒤 교회를 사임했다.

우리 부부는 쉼의 시간을 기도로 채워나갔다. 그러면서 짧은 기간이었지만 주님이 우리를 그 사역지에 보내신 이유가 바로 딸 주원이 때문이었다는 것을 알게 되었다.

나는 유치원 교사로 오랫동안 근무를 했기에 어린이집이나 유치원 사정을 잘 알았다. 그래서 딸을 너무 어린 나이에 어린이집에 보내고 싶지 않았고, 힘들어도 내가 데리고 있는 게 낫다고 판단했다.

하지만 남편이 사역지를 이동하면서 딸은 다섯 살에 교회 부속 어린이집에 들어가게 되었다. 그때까지 엄마나 아빠가 없는 환경과 낯선 사람들을 두려워했던 주원이에게는 처음으로 가정이 아닌 사회에 적응하는 시간이었다.

그런데 울고불고 어린이집에 가지 않겠다고 떼쓸까 봐 우려했던 것과는 달리 아이는 빠르게 적응했고 아침마다 기쁘게 집을 나섰다. 하나님께서 놀라우리만치 아이에게 최적의 환경을 세팅해놓으신 덕분이었다.

딸은 아침에 아빠가 운전하는 어린이집 차를 타고 등원했다. 또 딸이 속한 다섯 살 반 바로 앞에 아빠 사무실이 있었고 외부 견학이나 나들이를 할 때면 아빠가 종종 따라갔다. 생일이나 다른 행사 때는 담임 목사님 대신 아빠가 아이들에게 축복기도를 해주러 딸이 있는 반에 들어가기도 했다. 이처럼 아빠와 늘 가까이에 있는 환경이 딸에게 안정감을 주어 어린이집에 자연스럽게 적응하도록 만들었다.

비록 그 사역지에서 힘겨운 순간들이 많았지만, 주원이가 첫 사회 적응을 잘해줘서 더없이 감사했다. 모든 것을 아시는 하나님의 계획과 인도하심은 언제나 정확하고 놀랍다.

이는 내 생각이 너희의 생각과 다르며
내 길은 너희의 길과 다름이니라 여호와의 말씀이니라
이는 하늘이 땅보다 높음같이 내 길은 너희의 길보다 높으며
내 생각은 너희의 생각보다 높음이니라 사 55:8,9

하나님 마음을 전하는 기도자

먹이고 입히시는 하나님

남편과 나는 어디로 이사해야 할지 고민이 많았다. 남은 재정도 넉넉하지 않았다. 신혼집에 들어간 전세자금으로 방도 얻고 생활도 해야 하는 상황이었다. 게다가 다음에 부임할 사역자를 위해 사택도 빨리 비워줘야 했다.

친정에서는 강화로, 시댁에서는 어머님 댁으로 오라고 하셨다. 남편은 나와 주원이를 생각해서 강화로 가자고 했다. 강화에는 부모님, 언니네, 남동생네가 살고 있었는데 남동생의 두 자녀 중 한 명은 주원이보다 한 살 많은 언니였고, 또 한 명은 한 살 어린 남동생이었다.

하루는 강화에 사는 올케에게서 전화가 왔다.

"언니, 강화로 와요. 우리 아이들이 다니는 병설 유치원에서 원아 모집 중인데 주원이 한번 넣어보면 어때요? 같이 다니면 주원이도 좋아하지 않을까요?"

나는 올케에게 강화에 살고 있지 않은데도 신청할 수 있는지 물었다. 올케는 다 알아보고 연락했다는 듯이 술술 답해주었다.

"어느 지역에 살든 상관없대요. 다섯 명인가 뽑는다는데 우선순위가 있는 것 같아요. 조건을 알아보시고 빨리 넣어봐요. 작년엔 경쟁이 심했다고 하니 안 될 수도 있어요."

내 생각에도 주원이가 낯선 지역에 가서 적응하는 것보다 또래 사촌들이 있는 데서 지내는 게 좋을 것 같았다. 나는 기도하면서 필요한 서류를 챙겨 원서를 넣었다. 서류상으로 주원이의 조건은 일 순위가 아니었다. 서류를 받는 선생님도 지원자가 많아서 경쟁이 심할 거라고 했다. 나는 기도할 수밖에 없었다.

원서를 넣고 강화에 집을 구하기 시작했다. 사택에서 빨리 나와야 했기에 마음이 급했다. 강화에 한 번 갈 때 집을 구하지 못하면, 멀리까지 다시 오갈 시간적 여유가 없었다.

언니와 함께 몇 군데를 둘러보았다. 그중 위치가 제일 괜찮은 곳이 있었다. 3층짜리 작은 빌라로 우리는 2층에 있는 집을 계약했다. 공인중개사가 교인이어서 우리가 목회자 부부라고 하자 중개 수수료를 받지 않겠다고 했다. 그렇게 하나님은 우리 가정을 위로하셨고 우리와 함께하심을 보여주셨다.

마침내 이삿날이 되었다. 오전 일찍 이삿짐 업체 사람들이 도착해 짐을 싸서 강화로 출발했다(새로운 집이 비좁아서 결혼할 때 산 침대는 폐기했다). 주원이는 사촌들이 있는 강화로 이사하는 걸 무척 기뻐했다.

새집에서 짐을 풀고 청소하는 중에 병설 유치원에서 전화가 왔다. 주원이가 합격했으니 입학하라는 연락이었다. 하나님께서 '아무것도 염려하지 마라. 내가 손수 먹이고 입힐 것이다'라고 확성기로 말씀하시는 듯했다. 우리 가족은 하나님 앞에 감사하고 또 감사했다.

주원이가 여섯 살이 되던 해 1월, 이사한 지 얼마 되지 않아 언니와 형부가 우리 집에 방문했다. 우리는 따뜻한 음료를 마시며 담소를 나누었다. 그런데 갑자기 형부가 하얀 봉투를 내밀었다.

"선교 헌금이에요. 목사님 부부가 강화에 있는 동안 매월 헌금할 겁니다."

봉투에는 오십만 원이 들어있었다. 우리는 그 자리에서 기도했다. 기도 가운데 하나님께서 말씀하셨다.

'이것은 씨앗이다.'

언니네 부부가 순종하며 나아갈 때 하나님께서 하나님의 때에 하나님의 방법으로 이 씨앗을 풍성히 열매 맺게 할 거라고 하셨다. 그날 밤 우리 네 사람은 하나님께서 이 씨앗으로 어떻게 결실하실지 이야기하고 기도하는 시간을 가졌다. 이후에도 언니와 형부는 매월 정성스럽게 선교 헌금을 준비해서 우리 집에 방문했다.

언니의 친한 친구가 주원이가 다니는 병설 유치원 근처에서 미술학원을 운영했다. 하루는 그 언니로부터 연락이 와서 주원이를 무료로 가르쳐줄 테니 미술학원에 보내라고 했다.

나는 언니를 찾아가 말했다.

"언니, 그냥 다닐 수는 없으니 조금이라도 받으세요."

언니는 미소를 지으며 대답했다.

"나는 다른 사람들에게도 도움을 주니까 부담 갖지 말고 보내. 그리고 나를 위해 기도해줘."

나는 감사 인사를 하고 나왔다(그 후로도 몇 번이고 언니에게 작은 사례라도 하려 했지만, 언니는 끝끝내 받지 않았다).

우리 부부는 살면서 누구한테 도와달라고 먼저 손 내밀어 본 적이 없었다. 그저 하나님만을 의지하고 더욱 기도할 뿐이었다. 그러자 신실하신 주님께서 도움의 손길들을 하나둘 붙여주셨다.

주원이가 미술학원에 처음 간 날, 수업이 끝날 시간에 맞춰서 데리러 갔다. 언니가 내게 말했다.

"현주야, 주원이가 왼손잡이네. 어쩌면 양손을 쓸 수도 있을 것 같아."

내가 말했다.

"그럼 언니가 도와주세요."

한두 달이 지나고 언니가 다시 말했다.

"주원이는 고질적인 왼손잡이야. 이런 아이들은 억지로 오른손을 사용하도록 강요하면 스트레스를 받으니까 그냥 왼손으로 쓰게 하자."

엄마인 나도 지나치는 부분을 언니가 세심히 챙겨주어 고마웠다. 언니는 주원이에게 그림을 가르쳐보니 창의력이 뛰어나고 아이의 그림 설명이 너무 재미있다고 이야기해주었다.

주원이는 여섯 살이 되도록 그리기나 쓰기 등을 많이 안 해봐서 손힘이 약했는데, 미술학원에 다니며 그림 실력뿐 아니라 손힘도 꽤 생겨났다.

그즈음 올케가 미술학원 옆에 피아노학원을 개원하며 내게 물었다.

"언니, 괜찮으면 우리 학원에서 아르바이트할래요? 언니는 엄마들도 많이 상대해보고 아이들도 가르쳐봤으니까 학부모 상담이랑 아이들 레슨 좀 도와주면 어때요? 주원이는 미술학원 갔다가 우리 학원에서 피아노도 배우고 언니랑 같이 집에 가면 되고요."

썩 괜찮은 제안이었다. 주원이가 미술에 이어 피아노도 배우고, 나도 재정에 조금이나마 보탬이 될 수 있었다. 얼마 뒤에 나는 오후에 네 시간 정도 올케네 피아노학원에서 아르바이트를 시작했다.

친정 부모님은 직접 재배한 쌀과 채소를 비롯해 이것저것을 한 보따리씩 늘 챙겨주셨다. 언니는 장을 볼 때마다 우리 식구들 것까지 넉넉하게 사서 갖다주곤 했다. 우리 가족을 먹이고 입히시는 하나님의 은혜를 날마다 누리는 감사한 하루하루였다.

그러므로 내가 너희에게 이르노니

목숨을 위하여 무엇을 먹을까 무엇을 마실까

몸을 위하여 무엇을 입을까 염려하지 말라

목숨이 음식보다 중하지 아니하며

몸이 의복보다 중하지 아니하냐

공중의 새를 보라 심지도 않고 거두지도 않고

창고에 모아들이지도 아니하되

너희 하늘 아버지께서 기르시나니

너희는 이것들보다 귀하지 아니하냐

너희 중에 누가 염려함으로

그 키를 한 자라도 더할 수 있겠느냐 마 6:25-27

언니 부부를 돌보시다

강화로 이사 온 지 육 개월쯤 지난 여름이었다. 주원이는 호기심이 많아 활동 반경이 넓고 굉장히 활발했다. 노는 것을 어찌나 좋아하는지 놀이터에서 서너 시간을 머무는 건 기본이었다.

하루는 아이가 열이 나고 아파서 김포의 어린이병원에 급히 데리고 갔다. 뇌수막염인 것 같다는 의사의 말에 입원 치료를 받기로 했다. 그런데 아이가 팔에 링거 주사를 꽂은 채

하나님 마음을 전하는 기도자

로 병원 이곳저곳을 뛰어다니기 시작했다. 나는 수액 거치대를 끌고 아이를 쫓아다니느라 정신이 없었다. '얘가 정말 아픈 애가 맞나?' 싶었다.

손녀를 데리고 병원에 온 할머니 한 분이 "아줌마는 아들 여럿 있는 엄마보다 더 힘들겠어요"라고 할 정도였다(이후로도 주원이는 고열로 세 번 정도 입원을 했는데 그때마다 움직이고 뛰어다녀서 링거 바늘이 꺾이거나 빠지곤 했다).

며칠 뒤 언니가 주원이의 병문안을 왔다. 그런데 몸이 불편해 보였다. 의자에서 일어나려고 하다가 허리를 부여잡고 털썩 주저앉기를 반복했다. 이유도 없이 허리가 아프다고 했다. 주원이는 며칠 후에 퇴원했지만, 정작 언니가 허리 통증으로 잘 움직이질 못했다. 통증이 심해서 일상생활을 못 했고 주로 누워있었다.

언니를 데리고 병원에 갔더니 의사가 척추 4번과 5번에 디스크와 협착증이 있다며 수술을 권했다. 언니는 수술은 어떻게든 피하고 싶다며 재활을 통한 회복에 집중했다.

언니가 너무 아파할 때는 내가 한 달여간 언니네에 머무르며 살림을 도왔고, 그 후에도 수시로 드나들며 언니의 손과 발이 되어주었다. 내가 사역자와 결혼한 뒤로 우리 집 일이면 가장 먼저 달려와 발 벗고 도와준 언니에게 늘 고마움과 미안함이 있었는데, 이 기회에 조금이나마 보답할 수 있어서 감사했다. 언니도 내가 아니었으면 체념하고 수술을 받았을지도 모른다며 고마워했다.

일 년 정도를 고생한 언니는 병원에서 처방받은 약을 먹고 집 근처 한의원에 다니면서 조금씩 좋아졌다. 재활 치료를 꾸준히 받으며 허리에 무리가 가지 않도록 늘 신경 썼고, 그러다가 아프면 입원 치료를 받기도 했다. 호전되는 듯하다가 다시 아프기를 반복하며 몇 해가 흘렀다.

훗날 우리 부부가 교회를 개척한 뒤로 언니는 가끔 교회에 와서 함께 기도했다. 하루는 하나님께서 나를 통해 언니에게 말씀하셨다.

'내 딸아, 네 허리 통증은 시댁에서 힘든 일을 겪으며 생긴 것이라. 이제는 다 풀어졌다.'

마치 주님이 '내가 네 힘듦을 다 안다'라고 말씀하시는 듯했다. 언니는 하나님의 음성을 듣고 붉어진 눈시울로 내게 말했다.

"현주야, 하나님께서 내 영적 상태를 회복시켜주시니까 이제는 아무리 힘들어도 허리가 아프지 않아. 하나님의 일하심이 너무 감사해. 난 이제 하나님만 바라보고 살 거야."

어느 날 형부에게 연락이 왔다. 아는 동생들과 새로운 사업을 시작한다며 회사명을 뭐라고 하면 좋을지 조언을 구했다.

우리는 기도해보고 다시 연락하기로 했다.

그날 저녁, 형부의 회사명을 놓고 기도하는데 하나님께서 '하나님의 군대'라고 말씀하셨다. 다음 날 아침에 다시 기도했더니 하나님께서는 또다시 '하나님의 군대'라고 하셨다.

나는 남편에게 물어보았다.

"형부네 회사 이름을 뭐라고 지으면 좋겠어요?"

남편은 주저함 없이 대답했다.

"마하나임."

> 야곱이 그들을 볼 때에 이르기를
> 이는 하나님의 군대라 하고
> 그 땅 이름을 마하나임이라 하였더라 창 32:2

'마하나임'은 야곱이 도피 생활을 마치고 가나안으로 오던 중 하나님의 군대(천사)를 만난 데서 유래한 지명이다. 주님은 나와 남편에게 같은 마음을 주시며 그분의 일하심은 동일하다는 걸 다시금 알려주셨다.

형부는 우리 부부의 기도 응답을 동업자들에게 전하며 회사 이름을 마하나임으로 지었다. 나는 형부의 사업체가 주님의 사랑과 은혜 안에서 잘 성장하고 하나님께 영광 올려드리게 되길 기도했다.

기도 가운데 하나님께서 형부에게 말씀하셨다.

기억해라. 지금은 주님을 바라볼 때라.

혼자만 잘한다고 되는 것이 아니니라.

욕심을 앞세우지 말고

주님의 은혜로 서로를 사랑하고 아껴라.

각자 부족한 면이 있고 욕심도 있지만

이 사업체를 통해 예수 그리스도의 사랑 안에서

하나가 되기를 원하노라.

아직은 서로를 잘 모르고 생각도 다르지만

자기만의 고집을 내려놓고 먼저 하나 되기를 원하노라.

서로의 부족함을 인정하고 사랑으로 아끼고

주님의 은혜로 감싸주며 그리스도의 향기가

너희 가운데서 퍼져나가기를 원하노라.

너희가 먼저 그리스도 안에서 한 형제이며

아름다운 공동체임을 깨닫고

서로를 위해 기도하며 모든 것 위에 사랑을 더하라.

이는 온전하게 매는 띠니라.

이 사랑은 예수님의 십자가 사랑 때문에

흘러내리는 사랑이니라.

내가 도우리라. 내가 너희들의 편이 되어주리라.

하나님 마음을 전하는 기도자

형부에게 기도 내용을 전해주며 조언했다.

"잘 모르는 사람끼리 회사를 운영하는 게 쉽지 않을 거예요. 연장자인 형부가 항상 예배와 기도로 하루를 시작하고, 동생들을 더 많이 사랑하고 아껴줘요."

나는 그 후로도 형부가 부탁할 때마다 기도해주었다.

내가 흔들리고 있구나

남편의 몸은 약을 먹고 쉬면서 조금씩 회복되었다. 그러던 중 주원이가 감기에 걸려 온 가족에게 옮기는 바람에 함께 고생하기도 했다. 특히 남편은 몇 달간 심한 기침을 달고 살았다.

남편은 쉬면서 틈틈이 세미나와 기도회에 참석했고, 날마다 성경을 읽고 암송하며 나름 바쁘게 지냈다. 종종 친정에 가서 부모님 일을 돕기도 했다. 나는 딸을 돌보면서 올케의 피아노학원 아르바이트를 계속했다. 우리 부부는 때로 합심하여 함께 기도했고, 때로는 각자 시간에 맞추어 기도했다.

강화에서 지내는 동안 언니네 외에도 선교 헌금으로 우리 가정의 재정을 채워주시는 분들이 있었다. 하나님께서는 생각지도 못한 통로를 통해서 신실하게 역사하셨다.

반면에 우리가 청한 적도 없는데 도움을 주면서 생색을 내는 사람도 있었다. 그런 이들을 보면 '우리를 먹이고 입히시는 분은 하나님인데' 하고 생각했다. 그러면서 알게 모르게 마음이 무너졌다. 남편에게 말은 안 했지만 '우리가 거지인가' 싶을 때도 있었다. 하나님을 신뢰하기에 사역을 다 내려놓고 쉬는 건데, 주변에서 우리를 불쌍하게 보거나 우습게 여기는 것만 같아 속상했다.

이런 생각의 공격을 자꾸 받다 보니 친정 가까이에 살면서 누가 뭐라고 하지 않았음에도 스스로 눈치 보는 일이 많았다. 또 다음 사역지가 구해지지 않아 심적 부담과 압박을 추스르기도 쉽지 않았다(남편도 말은 하지 않았지만 매우 힘들었으리라 생각된다).

강화에서 산 지 일 년이 될 즈음, 지인이 통화 중에 내게 말했다.

"사모님, 힘들지 않아요? 그 밝은 모습은 다 어디로 갔어요?"

나는 전화를 끊고서 생각했다.

'그래, 난 원래 밝은 사람이었지. 내 모습은 이게 아닌데…. 내가 지금 어떻게 살고 있는 거지?'

나는 하나님께 기도하면서 최선을 다해 살아가고 있다고 믿었다. 하지만 내 자존감은 바닥을 쳤다. 기도라는 것이 그

하나님 마음을 전하는 기도자

저 하루하루를 버텨내는 방편처럼 여겨졌다.

'내 마음이 상황과 환경에 영향을 받고 있었구나. 하나님을 온전히 신뢰하지 못했구나.'

정신이 번쩍 들었다. 악한 영이 나를 나약하게 만드는데 인식조차 하지 못하고 있었던 거였다. 나는 즉시 무릎을 꿇고 하나님께 나아갔다. 현실 앞에 요동치는 마음을 붙들어 달라고, 땅에 떨어진 시선을 들어올려 달라고, 원수의 속임을 예수님의 이름으로 꾸짖으며 부르짖었다.

그러자 평안과 위로가 임했고 심령이 새로워짐을 느낄 수 있었다. 이후 나의 자존감도 하나님 자녀의 정체성 안에서 차츰 회복되기 시작했다.

광야의 시간

어느 날 평소에 잘 알고 지내던 목사님이 통화 중에 내게 제안하셨다.

"내가 한 권사님과 전주에 선교센터를 준비 중인데, 우리는 평일에만 쓸 거니까 그곳에 사모님네가 교회 개척을 해서 사역을 시작하는 건 어때요?"

우리 부부는 이를 두고 기도했다. 하나님께서는 개척에 대해서는 말씀을 안 하시고 '놀라운 일을 행할 것이다'라고만

하셨다. 우리는 강화에 있는 시간이 길어질수록 빨리 사역지를 구해서 나가고 싶은 마음이 컸기에, 그 말씀을 붙들고 전주로 내려가기로 했다.

강화에서 전주를 오가며 집을 구하던 중, 이듬해 주원이의 초등학교 입학에 적합한 학교 근처의 좋은 집을 발견하여 예상보다 빨리 전주로 이사하게 되었다.

전주에 내려가서 남편은 논산에 있는 치유 상담센터를 다니며 상담 공부를 했다. 우리는 매일 기도하면서 선교센터와 교회로 사용할 장소를 알아보러 다녔다.

그런데 전혀 예상치 못한 일이 발생했다. 필요한 재정을 돕기로 했던 권사님의 사업에 어려움이 생겨 당분간 선교센터와 교회 개척을 보류해야 한다는 거였다.

부모, 형제, 지인을 떠나 아무 연고도 없는 전주까지 내려오는 쉽지 않은 결정을 했는데, 왜 이런 일이 생기는지 도무지 이해할 수 없었다. 기약 없이 기다려야 할지도 모르는 상황이 무척 당황스러웠다.

'하나님께서 분명 놀라운 일을 행한다고 하셨는데….'

우리 세 식구는 아무도 없는 '전주'라는 광야에 버려진 것 같았다. 남편과 나는 매일 아이를 등교시키고 곧장 기도 골방으로 들어갔다. 각자 적게는 세 시간, 많게는 다섯 시간 동안 간절히 기도하며 하나님의 인도하심을 구했다.

하나님 마음을 전하는 기도자

우리가 의지할 분은 오직 하나님 한 분뿐이었다. 정말 갈급했다. 낭떠러지 앞에 선 심정으로 그분 앞에 기도로 매달렸다. 한참이 지나 남편과 나는 교회 개척의 마음을 동일하게 받았고, 일 년여의 전주 생활을 마치고 그곳을 떠났다.

광야와 같은 전주에서의 시간을 지나며 깨달은 건, 하나님께서 상황과 환경을 통해 우리의 걸음을 인도하셨다는 사실이다. 만약 강화에 계속 머물렀더라면 가족이라는 안락한 울타리 안에서 좀처럼 개척할 마음을 먹지 못했을 것이다. 사실 강화에 있을 때만 해도 우리는 개척할 생각이 없었고, 이를 놓고 기도도 하지 않았다.

하나님은 우리 마음이 준비될 때까지 기다리며 상황을 인도하셨다. 그리고 우리가 전주에서 오갈 데 없이 절박하게 기도하는 가운데 개척의 마음을 품게 하셨다. 남편에게는 상담 공부를 허락하셔서 내면이 건강하게 변화되는 은혜도 부어 주셨다. 이 모든 과정을 지나며 비로소 하나님께서 말씀하신 '놀라운 일'의 참 의미를 깨달을 수 있었다.

하나님의 뜻과 계획은 우리의 이성과 경험으로는 이해할 수도, 헤아릴 수도 없다. 때로는 막막하고 답답하게 느껴지기도 한다. 그러나 하나님은 어제나 오늘이나 영원토록 동일하신 분이며 우리를 향한 약속의 말씀을 반드시 이루시는 분이다.

광야의 시간을 통과하면서 우리 부부에게는 어떤 일이 닥쳐도 오직 기도와 인내로 하나님의 뜻을 구하며 나아갈 믿음이 깊게 뿌리내렸다.

깊도다 하나님의 지혜와 지식의 풍성함이여,
그의 판단은 헤아리지 못할 것이며
그의 길은 찾지 못할 것이로다 롬 11:33

악한 영의 환상

남편이 치유 상담센터를 다녀오면 어떤 공부를 했는지 늘 말해주었다. 나는 치유와 관련한 지식을 접하며 하나님께서 우리에게 영적인 세계에 대해 더 알려주려 하신다고 느꼈다.

하루는 집에서 기도하는데 하나님께서 환상을 하나 보여주셨다. 한 사람이 있었다. 그의 몰골은 몹시 처참했다. 까무잡잡했고 마치 해골 같았으며 뼈에 얇은 가죽만 붙어있었다.

나는 하나님께 여쭈었다.

"이게 뭐예요?"

하나님께서 말씀하셨다.

'이것은 가난의 영이란다.'

나는 쫓아내야겠다는 생각에 믿음으로 선포하며 기도했다.

"나사렛 예수 그리스도의 이름으로 명하노니 가난의 영은 떠나갈지어다!"

그런데 이 가난의 영이 얼마나 센지 도리어 나를 공격하기 시작했다. 그럴수록 나는 정신을 똑바로 차리고 예수님의 이름으로 쫓고 또 쫓았다. 한참을 하다 보니 가난의 영의 세력이 약해지는 게 보였다.

얼마 뒤 기도하는 중에 하나님께서 또 다른 환상을 보여주셨다. 끝도 없이 펼쳐진 넓은 도로 위에 아지랑이가 피어오르고 있었다. 자세히 보니 도로 위에 사람이 있었는데, 그 형상이 아주 가관이었다. 그는 양팔을 벌리고 바닥에 엎드린 채로 도로가 자기 몸인 양 딱 달라붙어 있었다. 그가 머리만 살짝 들어 앞을 보는데 얼굴 살이 세 겹으로 접혀 바닥에 축 늘어졌다.

"하나님, 이게 뭐예요?"

'이것은 게으름의 영이란다.'

이번에도 예수님의 이름으로 게으름의 영을 쫓기 시작했다. 그런데 별 반응이 없었다. 나는 생각했다.

'내게 게으름이 있는 건 아닌가 보다.'

그러다 다시 기도했다.

"하나님, 우리 조상이 지은 죄를 회개합니다."

그 순간 소복을 입은 여자가 나타나더니 내 앞에서 울기 시작했다. 그런데 어느새 내가 그 여자처럼 울고 있었다. 알수 없는 설움과 억울함이 밀려들었고 감정을 주체할 수가 없었다. 눈을 떴는데도 눈물이 멈추질 않았다.

다행히 밤이라 주원이는 자고 있었다. 나는 엉엉 울면서 옆방에 있는 남편에게 갔다.

"여보, 눈물이 멈추질 않아요. 나를 위해 기도해줘요."

남편은 내 등에 손을 얹고 강하게 기도해주었다. 그러자 수도꼭지를 잠그듯 눈물이 뚝 그쳤다.

이런 영적인 체험을 한 후, 매번 그런 건 아니지만 누군가를 위해 기도하다 보면 그 속에 있는 악한 영이 느껴지기 시작했다.

한번은 어느 장로님이 내게 기도를 받으러 왔는데 그의 안에 여러 악한 영이 느껴졌다. 나는 장로님에게 말했다.

"장로님, 슬픔의 영, 외로움의 영, 무기력의 영이 느껴집니다. 예수님의 이름으로 쫓아내세요."

그리고 함께 그것들을 기도로 쫓아내기 시작했다. 장로님 안에서 악한 영들이 싸우는 게 느껴졌다. '나가라고 명령을 받은 건 내가 아니라 너'라며 서로 등 떠미는 모습이 영락없는 오합지졸이었다. 나는 어이가 없어서 웃음만 나왔다.

그 후로 기도 받는 사람 안에 여러 악한 영이 느껴질 때면,

구체적으로 지목하여 하나씩 쫓으라고 일러주었다.

　물론 축사 사역이 쉽진 않다. 그러나 하나님께서 내게 악한 영을 감지하는 영적인 감각을 주셔서 사역을 감당케 하신다. 내 힘으로는 할 수 없다. 오직 성령의 인도하심을 받아 예수 그리스도의 이름으로만 악한 영을 대적할 수 있다.

천국은 마치

　밭에 감추인 보화와 같으니

　　사람이 이를 발견한 후

　　숨겨두고 기뻐하며 돌아가서

　자기의 소유를 다 팔아

　　　그 밭을 사느니라

　　　　마 13:44

천국을 바라보다

힘들어도 하나님만 바라라

개척의 마음을 품고 기도한 끝에, 아무 연고도 없는 전주보다는 서울이나 인천 등 경기권에서 개척하기로 뜻을 모았다.

앞서 말했듯이 재정은 넉넉하지 않았다. 교회 장소를 임대하고 집을 구하기에는 턱없이 모자랐다. 사실상 개척한다는 계획 자체가 무리였다. 하지만 상황과 환경을 뛰어넘어 역사하시는 하나님을 믿음의 눈으로 바라보며 일을 진행하기로 했다. 어디까지나 교회 개척의 소망을 주신 분이 주님이시기 때문이었다.

전주에서 초등학교에 다니던 딸의 여름방학이 다가오고

하나님 마음을 전하는 기도자

있었다. 우리 부부는 그때까지 기도에 더욱 매진했고, 방학이 되자마자 강화에 있는 언니네로 갔다. 그리고 사택과 교회의 월세 상한선을 각 육십만 원으로 정한 다음, 그 근방에서 이삼십 개 정도의 교회 자리를 알아보았다.

열심히 발품을 팔았지만 마음에 와닿는 곳이 없었다. 게다가 정해놓은 예산으로는 적합한 자리를 찾기가 어려웠다. 결국 그해 여름은 교회 장소를 구하지 못한 채 전주로 내려가야 했다. 우리는 다시 하나님께 삶을 맡기고 절박하게 기도했다.

남편이 일박 이일 일정으로 상담 공부를 하러 간 어느 날, 딸의 등교 준비를 하던 중에 갑자기 옆구리 쪽이 아프기 시작했다. 잠시 후 큰 고통이 밀려왔다. 나는 딸에게 휴대폰을 가져오게 해서 가까스로 구급차를 불렀다. 그리고 옆 동에 사는 학부모에게 전화를 걸어 딸을 잠시 봐달라고 급히 부탁했다.

몇 분 후 구급차가 도착했고, 나는 전주에 있는 큰 병원으로 이송되는 중에 남편에게 연락했다. 병원에 도착하자마자 진통제부터 맞았지만 통증은 사라지지 않았다. 엑스레이 촬영, 소변 검사, 피 검사 등을 했고 '요로결석'으로 진단을 받았다. 최근 구토에 피가 섞여 나온 적이 있어서 그 얘기를 했더니 의사 선생님은 일단 입원해서 지켜보자고 했다.

나는 가장 먼저 딸이 생각났다.

'내가 없으면 분명히 나를 찾을 텐데….'

남편에게 전화했더니 아이는 본인에게 맡기고 몸부터 챙기라고 안심시켜주었다. 덕분에 비록 6인실이었지만 오랜만에 깊이 잘 수 있었다.

돌아보니 그동안 나는 아이와 한 번도 떨어져 본 적이 없었다. 그리고 신경 쓸 일이 많아 편안하게 잠을 이룬 적이 거의 없었다. 짧은 입원 기간이었지만, 홀로 하나님과 교제하며 쉼을 얻는 평안한 시간이었다.

결석이 제거돼야 퇴원할 수 있다는 의사의 말에, 나는 남편이 사다 준 2리터 생수를 수시로 마셨다. 다 마시면 물통을 채워서 또 마셨다. 물 마시는 게 힘든 일이라는 걸 그때 처음 알았다. 그렇게 병원에서 이틀 밤을 보내고, 일주일 뒤에 검사하러 오기로 하고 퇴원했다.

나는 오전 기도 시간을 제외하고는 주원이와 함께 있는 시간이 많았다. 방과 후부터 저녁때까지 아이가 놀이터에서 몇 시간이고 노는 걸 지켜보는 게 일과였다. 아직 초등학교 1학년인 딸아이가 주변에 아는 사람도 없는 낯선 환경에서 혼자 놀게 할 수는 없었다. 딸에게도 내 존재가 큰 안정감이었다.

주원이는 자기보다 어린 친구들과도 잘 어울렸다. 또래 친구들이 학원을 마치고 놀이터에 느지막이 나오면, 그 아이들과도 재밌게 놀았다. 그래서인지 신발 앞부분이 닳고 긁히는 일이 많아 새 신발을 자주 사주어야 했다.

이런 사정을 잘 알던 언니는 주원이에게 계절별로 운동화, 구두, 부츠, 슬리퍼, 샌들 등을 다양하게 사주었다. 지금도 조카의 옷과 신발을 계절마다 사주는 언니는 주원이에게 엄마의 역할도 해주는 둘도 없는 고마운 사람이다.

어느 날 어머님이 전화로 조심스럽게 말씀하셨다.

"현주야, 요양보호사 자격이 있으면 나이 들어도 일할 수 있다는데, 시간이 있을 때 자격증을 따놓으면 좋지 않을까?"

무슨 뜻으로 하시는 말씀인지 충분히 알았다. 전주까지 내려가서 교회 개척이 무산된 후 고정 수입도 없이 지내는 우리가 걱정되셨던 거다. 내게 이미 사회복지사 1급 자격증이 있으니 마음만 먹으면 요양보호사 자격증을 따는 것도 수월하리라 생각하셨던 것 같다. 하지만 나는 그러고 싶지 않았다.

가끔 사람들이 "왜 사모님은 일을 안 해요?"라고 대놓고 물을 때면 악의가 담긴 질문은 아니지만, 나는 속상했다.

'우리 가정은 하나님의 은혜로 잘 지내고 있는데 왜 그럴까? 사람들이 보기에 우리 모습이 걱정스럽나?'

마음 한구석에 이런 반감이 들기도 했다.

'내가 하나님의 일을 하려고 목회자와 결혼했지, 목회하는

남편 대신 직장에 다니며 재정을 책임지려고 결혼했나?'

남편과 나는 교회 개척을 위해 기도하면서 한 가지 다짐을 했었다. 어떠한 어려움이 닥쳐도 손쉽게 돈 버는 길을 택하지 말고 하나님만 더욱 의지하자고.

그리고 실제로 힘들 때마다 사람이나 세상의 힘을 빌리지 않고 하나님 앞에 꿇어 엎드렸다. 그런 우리를 하나님께서는 긍휼히 여기사 때마다 도우셨고, 우리는 하나님의 살아계심을 경험하며 그분을 더욱 신뢰할 수 있었다.

나는 당당히 말할 수 있다. 아무리 어려워도 하나님만 바라보고 나아가면 하나님의 때에 하나님의 방법으로 채우시는 놀라운 은혜를 경험하게 된다는 걸(물론 각자의 삶에 찾아오는 시험과 연단의 때가 있음을 배제하는 건 아니다).

우리 가정은 지금껏 누군가에게 손 한 번 내민 적이 없다. 그렇다고 못 먹거나 못 입거나 잘 곳이 없었던 적도 없다. 물론 모두 이렇게 사는 것만이 정답이라고 주장하는 건 아니다. 교회와 가정경제에 보탬이 되고자 일터에 나가는 사모가 많다는 걸 안다. 이것은 각자의 믿음과 하나님의 인도하심을 따라 결정하는 것이지 옳고 그름의 문제가 아니라는 거다.

'가재는 게 편'이라는 속담이 있듯이, 나는 개척교회 사모에게 더 마음이 간다. 남편 목사님 곁에서 사모의 자리를 지키며 빛도 없이 이름도 없이 헌신하고 애쓰는 모든 개척교회

하나님 마음을 전하는 기도자

사모를 진심으로 존경하고 응원한다.

앞서가시는 하나님

주원이의 겨울방학이 되었다. 우리는 또 짐을 싸서 언니네로 갔다. 남편이 교회 자리 몇 군데를 미리 찾아놓아서 같이 둘러보았는데, 그중 마음에 드는 장소가 있었다. 건물도 깨끗하고 가격도 괜찮았다.

그러나 교단 헌법상 문제가 되지 않도록 근처에 기성 교단의 교회가 없어야 해서 결국 그곳은 적합하지 않다고 결론을 내렸다. 매우 아쉬웠지만 하나님께서 예비하신 새로운 곳이 있으리라 믿고 마음을 접었다.

이후 인천 백석동에 교회 자리가 나왔다는 연락을 받고 바로 보러 갔다. 그곳은 몇 해 전부터 교회가 계속 들어와 있었고, 이전 교회가 다른 곳으로 이전하느라 내놓은 상태였다. 3층짜리 건물의 2층으로 1층은 음식점, 3층은 주인이 살고 있었다. 외관이 너무 낡지도 않았고 교회 내부도 깨끗했다. 무엇보다 교회 안에 화장실이 따로 있어서 마음에 들었다.

문제는 월세가 정해놓은 상한선보다 삼십만 원이나 비쌌다. 우리는 건물주와 금액을 조정하려고 몇 차례 시도했지만 주인은 꿈쩍도 하지 않았다. 더 알아보기도 지쳐서 그냥 비싸게 내고 들어갈까 싶었지만, 잠시 상황을 지켜보며 하나님께서 선하게 인도해주시기를 기도하기로 했다.

우리는 전주로 돌아가 또다시 하나님께 매달렸다. 이 개월 정도 지난 어느 날, 인천 백석동에 교회를 내놓은 목사님으로부터 남편에게 연락이 왔다.

"목사님, 주인이 월세를 얼마로 하면 계약하겠냐고 묻는데요, 얼마면 하실 수 있겠어요?"

남편이 대답했다.

"육십만 원이면 합니다."

"예, 알겠습니다. 주인하고 얘기해보고 다시 연락드릴게요."

얼마 뒤 그 목사님에게 다시 연락이 왔다.

"목사님, 주인이 월세 육십만 원에 하자고 합니다."

'할렐루야!!'

남편은 빠른 시일 안에 계약 날짜를 잡기로 하고, 시설비는 차후에 조율해서 지급한다고 했다. 그리고 그 목사님에게 물었다.

"이전에는 한 푼도 안 깎아준다고 완강하게 나왔는데 어떻게 마음이 바뀌었을까요?"

"갑자기 일이 생겨서 세종시로 이사하려고 건물을 시세보다 싸게 내놓은 상태입니다. 그래서 교회 월세도 낮춘 것 같습니다."

하나님께서 우리의 기도를 들으시고 교회 개척을 허락하
셨음을 확신했다. 남편과 나는 감사와 영광을 올려드렸다.

여호와께서 그들 앞에서 가시며
낮에는 구름 기둥으로 그들의 길을 인도하시고
밤에는 불기둥을 그들에게 비추사
낮이나 밤이나 진행하게 하시니
낮에는 구름 기둥, 밤에는 불기둥이
백성 앞에서 떠나지 아니하니라 출 13:21,22

여전히 넘어야 할 산이 많았다. 교회 장소까지는 마련했지
만 우리에겐 보증금도, 시설비도 없었다. 좀 황당하지 않은
가. 누군가에겐 아무 대책이 없는 것처럼 보일 수 있다. 하지
만 우리는 기도하며 교회 개척의 마음을 받아 하나님의 인도
하심을 따라 나아갈 뿐이었다.

주님은 이번에도 돕는 손길들을 붙여주셨다. 먼저는 어머
님이었다. 어머님은 오래전부터 마음에 소망 하나를 품고 계
셨다. 지인이 동남아 국가에 교회를 세우는 걸 보고 "하나님,
저도 생전에 주님의 몸 된 교회를 꼭 세우고 싶습니다"라고
기도하셨다고 한다.

그런데 작은아들이 교회 개척을 준비하는 걸 보며 이때야말로 교회 설립에 기여할 뜻깊은 기회라고 생각하셨단다. 어머님은 이 마음을 하나님께 아뢰었고 기꺼이 교회 보증금을 내주셨다.

그즈음 엄마에게서도 연락이 왔다.

"종친회에서 땅을 팔았는데 거기서 받은 돈을 너희 교회 세우는 데 주려고 한다. 아빠랑도 다 얘기했고, 언니와 동생한테도 말했더니 다 좋다고 했어."

그렇게 하나님께서는 교회 개척에 필요한 보증금과 시설비를 다 채워주셨다.

2019년 3월 1일, 부동산 임대차 계약서를 작성하러 인천에 갔다. 우리는 전주에서 인천으로 이사를 해야 했기에 잔금 지급일을 4월 말로 맞추고 싶었으나, 서로 조정하다 보니 3월 27일에 잔금을 지급하기로 결정이 났다.

계약서를 작성하자 마음이 바빴다. 인천에 집을 빨리 구해야 했다. 전주에서 인천을 오갈 시간이 없어서 주로 인터넷으로 집을 알아보다가 월세로 내놓은 괜찮은 아파트를 발견했다. 교회와 조금 거리가 있었지만, 딸아이가 다닐 학교와 매우 가까워서 마음에 쏙 들었다. 어릴 적부터 이사를 자주 다닌 아이를 위한 작은 배려였다.

하나님 마음을 전하는 기도자

나는 그 집을 직접 보고 서둘러 계약할 생각에 인천에 갔다. 집주인이 몇 년째 해외에서 근무를 했고 한국에 일찍 들어올 수도 있어서 시세보다 저렴하게 내놓은 집이었다. 하지만 하나님이 우리를 살게 하시는 한 집주인의 상황도 주관하시리라 믿고 망설임 없이 계약했다. 그리고 4월 17일에 우리 가족은 인천으로 이사했다.

그즈음 한 지인이 전화를 해서는 '하나님께서 목사님 가정에 천만 원을 드리라고 하셨다'라며 헌금했다. 우리는 그 헌금을 놓고 기도한 후 감사함으로 받았고, 덕분에 모든 이사 비용과 전주에서의 필요를 채울 수 있었다.

강화에서 전주, 전주에서 다시 인천으로. 정말 쉽지 않은 여정이었다. 하지만 돌아보니 걸음걸음마다 함께하시고 지켜주신 하나님의 발자국이 선명히 찍혀있었다.

우리 부부는 교회 이름을 놓고 오랜 시간 기도했다. 하나님께서 '생명'과 '빛' 두 단어를 떠오르게 하셨다. 내가 '생명과 빛교회'를 제안하자 남편은 '생명빛교회'가 더 와닿는다고 했다. 그래서 '세상의 빛과 생명의 빛이신 예수님을 전하고 제자 삼으며, 말씀을 가르치고 지키는 공동체'라는 비전을 품고 생명빛교회로 이름을 지었다.

2019년 5월 26일, 우리는 생명빛교회 설립 예배를 드렸다

(지방회의 한 목사님의 제안으로 5월 중에 날짜를 잡았다). 엄마가 시골에서 떡을 해오셨고, 친한 사모님이 설립 예배에 참석한 분들을 위한 답례품을 직접 준비해주셨다.

남편에게 사역의 공백기가 있었고, 전에 섬기던 교회에도 알리지 않은 터라 가족과 몇몇 지인끼리 조촐하게 예배를 드릴 줄 알았는데 우리가 속한 서 지방 소속 목사님과 사모님뿐 아니라 많은 분이 오셔서 자리를 빛내주셨다.

의자를 충분히 준비하지 못해 서서 예배를 드린 분들도 많아 너무 죄송했다. 예배 후에 감사의 마음을 전하고자 근처 식당에 식사를 준비했는데 형부가 말없이 모든 식사비를 계산해서 송구스럽고 감사했다.

설립 예배 후에도 감사한 일이 이어졌다. 남편이 대학원 입학 전에 잠시 일했던 회사 대표님이 교회 월세를 후원하겠다고 하신 것이다. 앞서가며 일하시는 하나님의 은혜가 참으로 놀라웠다. 그 후로도 하나님은 때마다 우리 가정과 교회의 필요를 채우시며 아버지의 사랑을 아낌없이 부어주셨다.

너희보다 먼저 가시는 너희의 하나님 여호와께서

애굽에서 너희를 위하여

너희 목전에서 모든 일을 행하신 것같이

이제도 너희를 위하여 싸우실 것이며 신 1:30

하나님 마음을 전하는 기도자

어린이 예배의 시작

전주에서 인천으로 전학한 딸아이는 학교에 잘 적응하는 듯했다. 그런데 어느 날 밤, 자려고 누웠는데 딸이 말했다.

"엄마, 나는 놀 친구가 없어."

알고 보니 학교에서 처음에는 새로 온 딸에게 관심을 보이며 쉬는 시간마다 먼저 다가와 말을 거는 친구들이 있었다고 한다. 그런데 시간이 지나면서 점차 원래 친하게 지내던 아이들끼리만 놀기 시작한 거였다.

속상했다. 부모를 따라 자주 이사하면서 매번 새로운 환경에 적응하며 힘들었을 딸을 생각하니 마음이 아렸다.

나는 딸에게 물었다.

"함께 놀 친구가 한 명도 없어?"

"그런 건 아닌데, 나는 나와 무엇이든 같이 할 수 있는 친한 친구가 필요해."

그날 밤 딸은 그나마 자기에게 친절한 친구들의 이름을 내게 말해주었다.

때마침 학교에서 참관수업이 있었다. 나는 잘됐다 싶어서 참관수업 날, 딸아이가 말한 친구들의 엄마들에게 먼저 말을 걸었다. 한 엄마가 흔쾌히 받아주어서 이런저런 대화를 하다가 물었다.

"○○이는 방과 후에 뭐 해요?"

마침 ○○이는 우리 아파트 바로 아래에 있는 복지관 수영장에 다니고 있었다. 그 아이와 같은 아파트에 사는 두 자매도 함께 수영장에 다녔는데 엄마들끼리도 친한 사이였다.

나는 딸이 그 친구들과 친해지길 바라는 마음에 복지관 수영장에 수강 신청을 했다. 신청자가 많아서 무작위로 뽑는 시스템이라 나와 딸아이는 함께 기도했다.

"하나님, 수영장에 다닐 수 있게 해주세요."

그런데 바로 다음 달, 복지관에서 수강하라는 연락이 왔고 딸아이는 하나님이 기도를 들어주셨다며 기뻐했다.

수영 강습은 주 3회였고, 씻고 나오면 4시 30분쯤 되었다. 나는 엄마들의 허락을 받고 딸을 포함해서 네다섯 명의 아이들을 우리 집에 데려가 저녁을 차려줬다. 수영도 했겠다 몹시 배고팠던 아이들은 저녁을 맛있게 먹고 늦은 시간까지 딸과 놀다가 집에 돌아갔다.

시간이 지나면서 아이들은 수영장에 가는 날이면 꼭 우리 집에서 놀기를 원했다. 그래서 일주일에 두세 번씩 수영장 친구들의 저녁을 챙겨주는 게 일상이 되었다. 그렇게 몇 달이 흘러 여름이 지나갈 무렵, 한 아이의 엄마가 내게 물었다.

"언니네 아저씨는 뭐 해요?"

"우리 남편은 목사님이야. 백석동에 개척교회를 담임하고 있어."

그 엄마는 자기도 어릴 때 교회에 다녔다며 호감을 보였다.

그해 10월 4일, 딸아이 학교에서 가을 운동회가 열렸다. 남편은 상담 공부를 하러 논산에 가 있었고 나만 운동회에 참석했다. 우리 집에 와서 놀던 한 아이의 엄마가 점심을 먹자고 해서 다른 두 엄마까지 합류해 넷이서 식사하게 되었다.

한 엄마가 내게 물었다.

"언니네 아저씨 목사님이라고 했죠. 일요일마다 아이들이 핸드폰만 하는데, 언니네 교회에 보내도 돼요?"

나는 얼른 대답했다.

"물론이지."

지난 몇 달간 아이들 저녁을 차려주고 돌봐주었던 것이 우리 가정과 교회를 향한 신뢰로 이어졌던 것 같다.

우리 부부는 딸의 친구들과 함께 드릴 어린이 예배를 열심히 준비했다. 먼저는 어느 요일에 드릴지를 고민했다. 여느 교회처럼 주일 오전 일찍 어린이 예배를 드리면, 어른들이 주일예배를 드리는 동안 아이들을 챙기고 돌봐줄 사람이 필요했다. 하지만 당장 도와줄 성도가 없었다. 그래서 고심한 끝에 토요일 오전 열한 시부터 오후 세 시경까지 어린이 예배를 드리기로 했다.

나는 삼 개월마다 달란트 시장을 하려고 달란트 나무도 예쁘게 꾸며놓았다. 첫 어린이 예배를 일주일 앞두고 엄마들에게 연락을 돌렸다. 근처 개척교회 목사님 가정에서도 이 소식을 듣고 아이들을 보내기로 했다.

11월 2일 오전 열한 시, 대망의 첫 어린이 예배를 드렸다. 공간을 효율적으로 사용하기 위해 접이식 의자를 한쪽으로 치우고 그 자리에 푹신한 매트를 깔았다. 아이들은 그 위에 앉기도 하고 뒹굴기도 하며 첫 예배를 재미나게 드렸다.

첫날인 만큼 아이들이 좋아하는 피자와 치킨, 떡볶이를 시켜주었다. 점심 식사 후엔 레크리에이션 강사님의 진행에 따라 아이들 모두 신나게 게임을 했다.

딸의 친구들은 대부분 교회라는 곳에 처음 와보는 아이들이었다. 그래서 나는 매주 그림 자료를 활용하여 어린이들이 쉽게 이해할 수 있도록 말씀을 준비했다.

예배 후에는 다양한 김밥 재료를 준비해놓고, 스스로 재료를 선택해서 김밥을 만들어 먹게 했다(당시 가평에 사시던 어머님이 종종 오셔서 점심 준비를 도와주셨다). 아이들은 자기가 좋아하는 재료를 듬뿍 넣고 자기만의 김밥을 만들며 재밌어했다.

식사를 마치면 아이들이 좋아하는 신체 놀이나 미술 활동을 했다. 남편은 아이들 눈높이에 맞춰 신체 놀이를 하며 아이들과 금세 친해졌다. 어떤 아이는 교회에 오면 남편부터 찾았고 예배 중에도 옆에 꼭 붙어있거나 업혀있었다. 남편을 따

르는 어린아이들이 여러 명 오는 날이면 '목사님 쟁탈전'이
벌어지기도 했다.

　어린이 예배는 엄마들의 소개를 통해 십여 명의 아이들이
모이게 되었다. 때로는 예수님을 믿지 않던 엄마들이 간식을
사 오거나 주일예배를 드리러 오기도 했다.

기도의 결실

　예배 첫날에 레크리에이션 강사로 섬겨준 분은 딸아이 친
구의 엄마였다. 그 딸은 주원이와 친해서 종종 우리 집에 놀
러 왔는데 한 살 어린 남동생도 같이 오곤 했다.

　하루는 늦은 저녁에 그 엄마가 아이들을 데리러 와서는 말
했다.

　"주원이 아빠가 목사님이라고 들었어요."

　"맞아요, 백석동에 교회를 개척한 지 얼마 되지 않았어요."

　그러자 그녀는 자기네 부부도 교회에 다닌다고 얘기했다.
그날 밤 성령 하나님께서 그 엄마를 위해 기도해주라는 마음
을 계속해서 주셨다. 거의 초면에 오해를 받을 수도 있었기에
망설여졌지만, 나는 그녀를 위해 기도하고 하나님이 부어주
신 마음을 기록해두었다.

　아이들은 우리 집에서 노는 걸 좋아했다. 한 번 온 아이는

또 놀러 오곤 했다. 그 엄마의 아들딸도 그랬다. 그래서 아이들 일로 통화할 일이 종종 있었다.

하루는 내가 용기를 내어 그녀에게 말했다.

"오늘 아이들 데리러 올 때 집에 잠깐 올라오시겠어요?"

그녀는 처음에는 왜 그런지 묻더니 금방 알겠다고 했다.

오후 다섯 시쯤, 그녀가 왔고 우리는 이런저런 이야기를 나누었다. 그러다가 내가 조심스럽게 기도에 관해 말을 꺼냈다. 그녀를 위해 기도할 때 받은 마음도 나누었다. 그러자 그녀가 울면서, 실은 문제가 있어서 교회에 나가지 않고 있다고 털어놓았다. 그러면서 자신의 이야기를 진솔하게 나눠주었고 우리는 함께 기도하며 대화를 마쳤다.

이 만남을 계기로, 당시 유치원 아이들에게 다양한 활동을 가르치던 그녀는 첫 어린이 예배의 레크리에이션을 선뜻 맡아주었다. 또 내 기도를 받은 후 다시 신학을 공부했고 지금은 유치부 전도사님으로 열심히 사역하고 있다.

하나님께서 기도해주라고 강하게 말씀하시는 사람이 간혹 있다. 그런 이를 위한 기도에는 그 영혼이 하나님 앞에 더욱 간절히 나아오는 아름다운 열매가 맺히는 걸 본다.

어린이 예배가 시작되고 아이들이 하나둘 늘기 시작했다. 나는 무심코 지나가는 말로 어머님께 말씀드렸다.

"차량이 있으면 좋을 거 같아요. 큰 차가 있어야 근처에 사는 아이들을 다 태우고 교회에 갈 수 있어서요."

그날 어머님은 집으로 가는 전철 안에서 기도하셨다고 한다.

'하나님, 교회에 차가 필요하다고 하는데 어떻게 할까요?'

며칠 후 어머님에게서 전화가 왔다.

"차가 해결될 것 같다."

어머님의 지인분이 삼천만 원을 헌금하기로 했다는 거였다. 나는 주님께 아뢰었다.

'하나님, 아직 차량에 대한 기도를 시작도 안 했는데 재정을 주시다뇨….'

정작 우리는 기도하지 않았는데 어머님의 기도를 들으시고 필요를 채우시는 하나님의 손길이 너무 놀랍고 감사해서 눈물이 흘렀다.

잠시나마 승합차를 중고로 사고 나머지 재정은 교회 운영에 보태도 좋겠다는 생각이 스쳤지만, 그 돈은 하나님께서 차를 사라고 주신 것이니 감사함으로 새 승합차를 장만했다.

우리 부부는 마음의 고백을 올려드렸다.

"감사합니다, 나의 하나님."

우리 가운데서 역사하시는 능력대로 우리가 구하거나

생각하는 모든 것에 더 넘치도록 능히 하실 이에게

교회 안에서와 그리스도 예수 안에서

영광이 대대로 영원무궁하기를 원하노라 아멘 엡 3:20,21

행복나눔예배

어린이 예배를 시작한 지 세 달이 되어갈 무렵, 한국에서 첫 번째 코로나 환자가 발생했다는 뉴스가 보도되었다. 우리 나라뿐 아니라 세계 각지에서 감염 환자가 발생해 지구촌이 공포에 휩싸였다.

신앙이 없는 엄마들은 자녀를 더 이상 교회에 보내지 않았다. 다만 토요일에 일하는 한 엄마만 아이를 맡겨서 나는 딸과 그 아이를 데리고 집에서 예배를 드렸다. 그 엄마는 아침 일찍 아이를 맡겼다가 늦은 오후에 데려가곤 했다. 그러나 코로나 사태가 점점 심각해지면서 그 아이마저도 오지 않게 되었다.

나는 방에 앉아 기도했다.

"하나님, 왜 이런 일이 일어나는 거예요? 두렵습니다. 이 세상을 불쌍히 여기시고, 죄악을 용서해주시고, 이 환란으로부터 우리를 지키사 보호해주세요."

그러자 눈앞에 '요나, 미가, 나훔'이라는 글자가 보였다. 나는 그 자리에서 성경을 펼쳐 요나서, 미가서, 나훔서를 단숨에 읽어 내려갔다. 그러면서 나를 포함한 그리스도인들이 더욱 깨어 기도하고 회개함으로 하나님 앞에 나아가야 한다는 경각심이 들었다.

코로나로 인해 교회의 존립이 위태롭던 시절, 하나님께서는 복된 만남을 허락해주셔서 소망의 끈을 놓지 않게 하셨다.

전주에서 올라와 개척 준비를 할 때였다. 지방회 목사님 한 분이 남편에게 권했다.

"교회 설립 전에 교역자 모임에서 미리 광고하는 게 좋겠습니다."

그래서 남편은 5월 첫 주에 교역자 모임에 참석해 그달 26일에 있을 설립 예배를 광고했다. 얼마 뒤 지방회의 한 목사님으로부터 남편에게 연락이 왔는데, 헌신 예배 설교를 부탁하셨다.

6월 셋째 주 오후, 헌신 예배가 있던 날, 나는 설교하는 남편을 따라가 그 교회에서 오후 예배를 드렸다. 예배 후에는 목사님이 내려주신 맛있는 커피를 마시며 담소를 나누었다.

이후 목사님과 사모님은 성도 몇 분과 함께 우리 교회에 와서 예배를 드리시기도 했다. 당시 그 교회에서는 다섯째 주일에 오후 예배 대신 성도 간 친교의 시간을 갖거나 다른 교회에 가서 예배를 드리곤 했는데, 그 일환으로 우리 교회의 오후 예배에 참석한 후 친교를 나누셨다.

시간이 흘러 12월의 어느 날, 그 목사님이 남편에게 전화로 물어보셨다.

"저희 교회가 2020년에 희년을 맞아 한 해 동안 행복나눔예배를 하려고 하는데 생명빛교회에서 해도 괜찮을까요?"

'행복나눔예배'란 교회의 기관별로 성도들을 파송하여 작은 교회에서 함께 예배드리는 것으로, 이를 통해 코로나로 더욱 어려운 시기를 지나고 있는 작은 교회에 힘을 실어주는 게 목적이었다.

당시 코로나가 확산함에 따라 교회를 향한 사회적 시선은 악화일로를 걸었다. 사람들은 교회에서 나눠주는 건 아무것도 받지 않아 노방전도도 어려움이 있었다. 더구나 기존 성도들도 점점 교회에 발길을 끊는 와중에, 다른 교회 성도가 와서 함께 예배를 드리는 건 정말 큰 힘이 되었다. 하나님께서 우리 교회를 위로하시고 지치지 않도록 격려해주시는 것 같았다.

남편은 목사님께 감사 인사를 드렸고, 2020년 1월부터 행복나눔예배가 시작되었다. 코로나 상황이 너무 심각할 때를 제외하고는 많은 성도가 예배를 드리고 가며 힘이 되는 말씀을 해주셨다. 그렇게 일 년이 지나, 두 교회가 협력하여 드렸던 행복나눔예배는 끝이 났다.

2021년에도 우리 교회는 살아계신 하나님의 도우심과 인도하심으로 은혜 가운데 지냈다. 그리고 그해 12월, 그 목사님이 또다시 '2022년 행복나눔예배'를 제안하셨고 우리는 한 해 동안 그 교회 성도들과 기쁨으로 예배를 드렸다.

사회적으로는 교회가 매장당하는 수준의 핍박이 있었지만, 그 가운데 교회가 협력하고 상생할 길을 열어주신 하나님께 영광을 올려드렸다. 이 자리를 빌려 함께 예배할 기회를 주신 검단우리교회 목사님과 성도들에게 깊은 감사를 전하고 싶다.

잃어버린 영혼을 위한 기도

어느 날 한 권사님이 남편 집사님과 함께 기도를 받으러 교회에 오셨다. 남편 집사님은 위암 말기였다. 그를 위해 기도하는 중에 하나님의 책망하시는 음성이 들려왔다.

'이 아들은 지금까지 자기 마음대로 살았고, 몸 관리도 제대로 하지 않았다. 지금 당장 쓰러져 못 일어난다 해도 이상한 일이 아니다.'

집사님은 몸 상태가 매우 안 좋았다. 게다가 그는 성전 뜰만 밟고 다니는 이른바 '명목상 그리스도인'이었다.

권사님은 남편이 건강을 회복하는 것만큼이나 천국에 가는 게 중요하다며 절박하게 도움을 구했다. 그래서 매 주일 오후에 두 분을 오시게 해서 함께 예배드리며 합심하여 기도하는 시간을 갖기로 했다.

첫 예배 날, 나는 집사님에게 말씀드렸다.

"집사님, 여태까지 하나님을 믿는다고 하면서 집사님 마음대로 산 것과 하나님을 인정하지 않고 지은 죄를 먼저 회개하셔야 합니다."

그리고 악한 영을 잡아내며 함께 기도했다.

두 번째 예배 날이었다. 이전 주와는 달리 내가 기도하기 위해 집사님 등에 손을 대는 순간, 악한 영들이 드러나지 않으려고 숨기 시작했다. 악한 영이 숨는 건 또 처음 있는 일이라 별짓을 다 한다 싶어 웃음이 나왔다.

내가 조목조목 지목하며 예수님의 이름으로 내쫓자 악한 영들은 아우성을 쳤다.

'본인도 가만히 있는데 왜 네가 들쑤시냐!'

이 말이 내 기도에 더더욱 불을 지폈다.

사실 집사님이 처음 오셨을 때 아내 때문에 억지로 이끌려 왔다는 인상을 받았다. 집사님의 건강과 구원을 위해 모두가 합심하여 기도하는데 정작 본인은 아무런 감흥이 없고, 말도 하지 않고, 한 시간 넘게 가만히 앉아만 계셨기 때문이다. 난 그조차도 대단해 보였다. 그런데 어느 날, 말이 없던 집사님

하나님 마음을 전하는 기도자

이 내게 말씀하셨다.

"사모님, 내가 일주일에 세 탕을 뛰어요. 우리 교회, 기도원 그리고 생명빛교회."

"아~ 그러세요?"

나는 웃으며 대답했지만 속으로 간절히 기도했다.

'하나님, 집사님에게 긍휼을 베푸시고 그를 더 깊이 만나주세요.'

그 후 집사님의 마음이 조금씩 열리는 게 보였다. 말수도 늘고, 삶에 의지도 생기며, 점점 평안을 되찾으시는 듯했다.

그해 여름 집사님은 위암 수술을 받으셨고 항암치료를 이어갔다. 첫 항암 후에는 다행히 후유증이 없어서 식사도 곧잘 하셨다. 안색도 한결 밝아지고 건강해진 집사님을 보며 모두가 기도 응답이라고 기뻐했다.

그런데 집사님을 위해 기도하는 중에 하나님께서 엄중히 말씀하셨다.

'지금은 상태가 좋아 보이지만 네 생명은 나에게 있도다. 네 생명을 위해 온 힘을 다해 기도해라.'

나는 집사님 댁에 심방을 가서 이 내용을 전했다. 그러나 집사님은 컨디션이 좋아져 마음이 놓이셨는지 이 기도 내용을 조금은 무시하는 듯 보였다. 사실 나조차도 '하나님이 왜 이런 말씀을 하시지' 할 정도로 집사님이 건강을 회복했다고 생각했다.

얼마 뒤 두 번째 항암치료를 받은 집사님은 항암 이후 컨디션이 급격히 떨어져 병원에 재입원하셨다. 그리고 예고도 없이 급작스럽게 돌아가셨다.

우리는 조문을 하고 유족들을 위로했다. 마음이 너무 아팠다. 더 기도해드리지 못한 게 한스러웠다.

슬픔에 잠겨있던 어느 날, 하나님께서 내게 환상을 보여주셨다. 천국의 상황이었는데 천사들이 영혼을 맞이할 천국 잔치를 준비하느라 동분서주하고 있었다.

나를 위로하려 보여주신 환상 같았다. 주님은 집사님이 당신의 품에 안겼으니 안심하라고 하시는 듯했다. 눈물겹도록 감사했다. 그리고 다시금 느꼈다.

'한 영혼이 하나님께로 돌아오는 것이 이토록 기쁘고 소중한 일이구나.'

사람이 만일 온 천하를 얻고도
제 목숨을 잃으면 무엇이 유익하리요
사람이 무엇을 주고 제 목숨과 바꾸겠느냐 마 16:26

하나님 마음을 전하는 기도자

꿈으로 보여주시다

서울신학대학교에서 사회복지를 전공할 때, 기숙사에서 또래 친구 세 명을 만났다. 한 친구는 졸업과 동시에 학교에서 만난 전도사님과 결혼해서 사모의 길을 갔고, 또 한 친구는 사회복지대학원과 박사과정을 마치고 대학 강의를 했다. 나머지 한 친구는 교회 간사로 일하다가 목회자를 만나서 선교사로 헌신했다.

그런데 최근에 사모인 친구가 꿈에 나왔다. 다음 날 나는 친구에게 전화를 걸어 물었다.

"○○아, 혹시 교회를 다른 곳으로 옮길 계획이 있어?"

"왜? 왜 그러는데?"

친구가 흥분한 목소리로 반문했다.

"어젯밤에 너랑 남편 목사님이 성도들에게 인사하고 있는 교회에서 떠나는 꿈을 꾸었어."

내 말에 놀란 친구가 사정을 털어놓았다.

"어머, 그랬구나. 실은 우리가 예전에 사역지를 이동할 때 더 깊이 기도하지 못했거든. 이번에는 하나님의 인도하심을 따라 움직이려고 기도하던 중이었어."

친구는 어떤 교회와 이야기가 오가고 있는지 상황을 말하며 기도를 부탁했다. 나는 친구와 남편 목사님을 위해 기도를 해주었다.

- 목사님 마음

하나님, 저는 아무것도 모르겠습니다.

그냥 하나님께서 말씀하시면 발길 닿는 대로

아버지의 뜻대로 하겠습니다.

세상을 바라보지 않고 세상 사람들의 말에도

흔들리지 않고, 하나님께서 말씀하시는 대로

순종하며 살아가게 해주세요.

- 하나님 마음

나의 사랑하는 아들아, 강하고 담대해라.

좌로나 우로나 치우치지 말고

오직 나 여호와 하나님만 바라보고 의지해라.

세상의 말과 생각이 틈타지 않게

나의 아들은 나만을 바라보거라.

네 생각을 하나로 모아

어지러운 머릿속을 내 앞에 집중해라.

내가 너의 아버지고 너의 주인이고

네가 의지할 전부가 되게 해라.

어지러운 네 마음을 지키거라.

내 아들아, 그곳에 진짜 가고 싶니?

네 마음을 온전히 나에게 있게 해라.

하나님 마음을 전하는 기도자

두려워하지 마라. 네 아버지가 누구냐?

이 세상의 주인이 누구냐?

나의 아들이 참으로 믿고 의지하는 이가 누구냐?

두려움을 내려놓고 나 여호와 하나님 때문에

담대하고 강해지기를 원하노라. 기도하고 깨어있거라.

나의 아들의 강한 의지가 너를 살리고 도울 것이라.

나의 안에서 영적으로 강력한 믿음의 사람이 되거라.

– 사모님 마음

하나님, 하나님, 어찌해야 합니까?

같은 실수를 반복하고 싶지 않습니다.

하나님께서 말씀하시는 대로 움직이기를 원합니다.

우리 뜻이 아닌 아버지의 뜻대로 움직이게 해주세요.

(교회를 옮길 때 부딪힐 일에 대한 염려와

새로운 곳을 향한 설렘이 함께 있다.)

– 하나님 마음

나의 사랑하는 딸아,

나는 나의 딸의 마음이 평강하기를 원하노라.

아무것도 염려하거나 근심하지 말고

너는 오직 모든 것을 이루고 인도하는

여호와 하나님만을 바라보거라.

너희가 아무리 가고 싶다고 해도

내가 허락하지 않으면 이루어질 수 없도다.

내 딸아, 내가 너에게 부탁한다.

너희가 가고 싶은 그 길에

나의 인도하심이 있도록 기도하기를 원하노라.

너희가 생각하는 것만큼 쉬운 일이 아니다.

내 딸아, 강하고 담대하게 선포해라.

악한 영의 세력이 너희를 공격하지 못하도록

담대히 믿음의 선포를 하길 원하노라.

아버지께서 이루시는 일은

순탄하고 서로 잡음이 없느니라.

나는 원래 꿈을 잘 꾸지 않는다. 그런데 그 친구가 하나님의 인도하심을 구하며 하나님의 말씀대로 순종하기를 원하자, 주님이 내게 꿈을 주시고 기도하게 하신 게 아닐까 생각했다.

그 후 친구네 부부는 하나님의 사인이 떨어질 때까지 계속 기도했다. 그리고 인도하심을 따라 '순탄하고 잡음 없이' 성도들의 축복을 받으며 사역지를 이동했다.

무당이야, 뭐야?

남편과 나는 어느 교회에서 열린 '영적성장세미나'에 참석한 적이 있다. 그곳에서 한 성도를 만났다.

세미나를 마치고 그와 함께 점심을 먹게 되었는데, 그는 하나님에 대한 이런저런 자기 생각을 늘어놓았다. 나는 그에게 상처가 많다는 걸 느꼈고, 안타까운 마음에 "기도해드릴 테니 시간 되실 때 교회로 오세요"라고 말했다.

며칠 뒤 그가 교회에 찾아왔다. 그는 아무리 발버둥 쳐도 마음속 답답함이 해결되지 않는다고 했다. 나는 그를 위해 전심으로 기도해드렸다. 그의 내면은 불안하고 혼란스러웠다. 울분, 억울함, 모욕감, 좌절감 등이 한 데 뒤엉켜 마음을 짓누르고 있었다.

또 워낙 상처가 많다 보니 내 한마디 한마디에 민감하게 반응했다(내가 기도할 때 그는 '나도 하나님의 음성을 듣는다'라며 자기 생각을 계속 말했다). 나는 기도하는 중에 그가 삶의 고비를 혼자 헤쳐왔고, 그의 삶에 눈물이 가득하다는 걸 알게 되었다.

– 그의 마음

하나님, 저는 죄인입니다.

회개합니다. 용서해주세요.

그동안 너무 몰라서, 너무 무지해서

제 맘대로 가르치고 행동했습니다.

저는 늘 홀로 서있는 것 같았습니다.

제 인생을 스스로 책임지며 살아왔습니다.

스스로가 너무 불쌍하고 억울하기도 합니다.

왜 저는 남들처럼 평범하게 살지 못하고

늘 험한 일을 겪고 사람들에게 당하며 살아왔는지

모르겠습니다. 마음이 아프고 괴롭습니다.

살아온 인생을 어찌 말로 다 할 수 있겠습니까.

제 인생을 돌아보면 눈물밖에 나지 않습니다.

설움과 고통이 밤낮으로 괴롭힙니다.

지치고 힘이 듭니다. 삶 자체가 설움이고 아픔입니다.

예수님, 아파요. 이 고통을 감내하기가 너무 버겁습니다.

저는 살길이 없습니다. 울고, 소리 지르고,

감정을 풀어내려 해도 잘되지 않습니다.

(아무 희망 없이 무기력하게 살다가 예수님을 만났고

어떻게든 예수님 안에서 해결하려 하지만,

상처가 워낙 많아서 악한 영이 그 상처를 붙들고

계속 혼란하고 불안하게 만듦.)

- 하나님 마음

마음이 괴롭고 힘든 나의 딸이여,

내 앞에 서려고 한 걸음 한걸음

나아오는 나의 딸이여,

마음이 상황과 감정에 따라 왔다갔다 하는구나.

버틸 수 없을 만큼 힘든 상황에서

감당하기 버거워도 혼자 버텨내야 했던

너의 눈물을 내가 안다.

아픔과 고통과 슬픔이 모여

참을 수 없는 모욕감과 좌절감이

네 마음을 짓누르고 있구나.

감당할 수 없는 아픔과 고통을 겪었지만

네 마음을 내게 집중하고

내가 너를 만지고 위로할 수 있게 해다오.

나를 모르고 겪은 네 커다란 상처 위에,

주체할 수 없었던 네 마음에 내가 들어가고 싶구나.

그 자리를 내가 채우고 싶구나.

(그에게 울분이 강하게 올라오고 있어서

하나님께서도 굉장히 조심스럽게 말씀하심.)

　나는 기도로써 그의 마음과 하나님의 마음을 전해주었다.
그는 눈물을 흘리며 다 맞다고 연신 고개를 끄덕였다. 그러고
는 감사 인사를 하며 돌아갔다.

며칠 뒤 그에게 연락이 왔다. 그런데 뜬금없이 트집을 잡으며 언성을 높이고 화를 냈다. 너무 황당했지만 이런 생각이 들었다.

'앞으로 기도 사역을 하다 보면 별의별 사람을 만날 텐데 하나님께서 그것을 알려주시려나 보다. 이 일로 내가 더 강하고 담대해지도록 준비시키시는구나.'

기도를 받는 분 중에 자존심이 세거나 상처가 많아서 기도 내용을 있는 그대로 받아들이지 못하고 거부하거나 왜곡해서 받는 이들이 있다. 그도 마찬가지였다.

나는 그의 반응과 태도에 화가 나서 '앞으로는 아무나 기도해주지 말아야겠다' 생각했다. 하지만 한편으론 그가 하나님의 말씀을 받고 변화할 기회를 놓친 것 같아서 안타까웠다.

어머님이 힘들어하는 나를 위해 기도해주셨다. 그리고 기도 중에 받은 말씀을 보내주셨다.

> 의를 위하여 박해를 받은 자는 복이 있나니
> 천국이 그들의 것임이라 나로 말미암아
> 너희를 욕하고 박해하고 거짓으로 너희를 거슬러
> 모든 악한 말을 할 때에는 너희에게 복이 있나니
> 기뻐하고 즐거워하라 하늘에서 너희의 상이 큼이라
> 너희 전에 있던 선지자들도 이같이 박해하였느니라 마 5:10-12

하나님 마음을 전하는 기도자

사실 이전에도 비슷한 경험을 한 적이 있었다. 결혼 후 남편이 전담 전도사로 있을 때였다.

어느 날 재정 문제로 힘든 일을 겪고 있던 집사님이 내게 기도를 요청했다. 그녀는 남편이 바람을 피워 이혼했고, 남편은 다른 여자와 살림을 차린 상태였다.

집사님을 위해 기도하는데 그 안에 '강한 자존심'이 느껴졌다. 남편과의 불화로 인해 소용돌이치는 그녀의 감정이 기도에 그대로 드러났다(직접 기도해줬기에 따로 적어놓은 내용은 없다). 집사님은 기도를 받고 감사해하며 돌아갔다. 그런데 잠시 후 전화로 대뜸 자신의 감정은 전혀 그렇지 않다며 몹시 흥분해서 내게 쏘아댔다. 나는 집사님을 안정시키고 간신히 전화를 끊었다.

마음이 쉽게 가라앉질 않아 하나님께 기도했다. 그러자 주님이 말씀하셨다.

'네가 기도한 내용이 맞다. 그러나 저 딸의 강한 자존심이 지금의 상황을 받아들이지도, 자신의 감정을 인정하지도 못하게 막고 있단다. 그래서 자기방어를 하는 거다.'

나는 누군가가 기도를 부탁하면 그 영혼을 향한 안타까움으로 대부분 기도를 해준다. 하지만 이런 일들이 생기면 '기도 사역을 그만둘까?' 하는 생각까지 든다.

한번은 이런 말까지 들었다.

"무당이야, 뭐야? 굉장히 위험한 건데."

내가 어떤 기도를 하는지도 모르는 사람이 그렇게 말하니 굉장히 속상했다. 나를 무시하는 건 참을 수 있지만, 내 안에 계신 성령님을 무당 취급하고 욕되게 하는 것 같아서 마음이 아팠다.

'내가 하나님께 거저 받았으니 거저 주는 마음으로 영혼을 살리기 위해 기도 사역을 하는 건데, 나는 아무것도 바라지 않는데….'

그때 성령 하나님께서 말씀하셨다.

내 딸아, 나는 괜찮다.
네 마음을 평안히 해라.
세상 사람의 말과 생각에
네 마음이 요동치지 않기를 원하노라.
저들은 사람의 말과
자기 위주의 이야기를 하고 있지.
사람의 말로 인해 네 마음이
상하지 않기를 원하노라.
악한 영은 우는 사자와 같이 너를 삼키려
두 눈을 부릅뜨고 있다는 것을 기억해라.
앞으로 악한 영의 공격은 계속될 테니

나의 딸의 마음이 강건해지기를 원하노라.

그리고 말씀을 주셨다.

근신하라 깨어라 너희 대적 마귀가
우는 사자같이 두루 다니며 삼킬 자를 찾나니
너희는 믿음을 굳건하게 하여 그를 대적하라
이는 세상에 있는 너희 형제들도
동일한 고난을 당하는 줄을 앎이라 벧전 5:8,9

내게 기도를 받으러 오는 사람들은 나를 처음부터 신뢰하지 않는다. 혹여 이상한 사람은 아닐까 의심한다. 간혹 영적인 사역을 욕심이나 교만함으로 무분별하게 하는 사람들이 있기에, 어쩌면 당연한 반응이다.

그러나 기도를 마치고 나면 "사모님, 제가 오해했어요"라며 더 깊은 속 얘기를 터놓거나 기도 부탁을 하곤 한다.

나는 성령님이 나를 통해 나타나시기를 늘 기도한다. 혹시라도 내가 드러나길 바라는 마음이 들거나 교만해지지 않도록 내 중심을 철저히 점검한다. 때로 하나님의 마음을 기도로 풀어줄 때 기도 내용이 좋지 않으면, 상대가 상처받지 않도록 더욱 조심하고 마음을 졸이게 된다. 심각한 내용을 전해야 할 때는 부드러운 말로 바꿔서 전하기도 한다.

이처럼 기도 사역은 영혼을 향한 긍휼과 사랑이 가득해야
만 감당할 수 있는 귀하고도 버거운 일이다. 내 안에 하나님
이 온전히 거하시도록 그분의 임재를 끊임없이 갈망하고 영
적인 촉각을 곤두세워야 한다.

내 소망은 하나다. 하나님나라에 갈 때까지 하나님과의 관
계가 더욱 깊어지고 항상 겸손하여 하나님의 선한 도구로 사
용되는 것이다.

원수를 제어할 능력

앞서 말했듯이, 언니는 허리 통증으로 일 년 가까이 치료를
받으며 거의 침대에 누워서 생활했다. 하지만 일 년이 지나고
도 반복되는 통증에 언니는 집안일을 버거워했고, 결국 어느
가을에 재입원을 했다.

6인실이었는데 입원 당시에는 환자가 없다가 언니가 회복
할 즈음에 하나둘 들어오면서 병실이 꽉 찼다. 같은 병실 환
자들은 대부분 수술을 해서 거동이 불편했다. 그래서 비교적
젊고 허리도 많이 좋아진 언니가 식후에 환자들의 식판을 치
워주곤 했다. 사람들은 언니의 따뜻하고 활발한 성격과 늘 밝
게 웃는 모습에 '활력 비타민'이라는 별명을 지어주었고, 이

것저것을 챙겨주었다.

하루는 병실에 있던 언니가 내게 전화로 말했다.

"같은 병실에 나한테 잘해주는 언니가 있어. 그 언니가 자기는 귀신을 본다고 해. 무당이 되고 싶지 않은데 어쩔 수 없다는 식으로 말하네. 참 착하고 좋은 사람인데… 너무 안타까워."

나는 언니가 말한 그 분을 위해 애통한 마음으로 기도했다. 기도 가운데 드러난 그녀의 마음은 이러했다.

이 모든 것이 나의 업보인가.
이것이 아래로 내 자식에게 흐르지 않도록
나를 계속 채찍질해야 한다.
다른 생각이 들어오지 못하게
다른 것들이 들어오지 못하게
계속 바쁘게 일해야 한다.
차단하고 막을 수 있는 건 막아야 한다.
내가 살길은 스스로를 압박하는 것밖에 없다.

그녀는 마음이 약했다. 그래서 악한 영에 순응하며 살았다. 또한 굉장한 강박 속에서 자신을 압박하며 두렵고 초조한 마음으로 하루하루를 버티고 있었다.

그런 그녀를 향한 하나님의 음성이 들려왔다.

나의 불쌍한 딸아,

두려움이 너를 집어삼켜 지금의 너를 만들었구나.

내 딸아, 지금이라도 돌아오거라.

네 삶의 끈은 거기 있는 게 아니라 내게 있도다.

악한 영이 예전보다 네 마음을 더 사로잡았구나.

네가 하나님의 세계를 알길 원하노라.

내가 바로 천지의 창조주이다.

악한 영은 대적해야 하는 것인데

너는 그것에 속아서 지배당하고 있구나.

네 마음의 약함과 두려움이 지금의 너를 만들었구나.

이제라도 돌아오거라.

네가 살길은 내 앞에 오는 것밖에 없도다.

악한 영이 더 이상 네 약함을 이용하지 못하게 하고

강한 의지로 결단하기를 원하노라.

네가 강해지는 순간, 악한 영은 더 이상

너를 공격할 수 없도다.

기도를 마치고 언니에게 전화를 걸었다.

"언니, 이분 혹시 교회에 다녔었어? 한번 물어봐. 하나님께

하나님 마음을 전하는 기도자

서 이제라도 돌아오라고 말씀하시는데.”

“그래, 알았어. 물어볼게.”

언니는 그녀와 이야기를 나눈 후 다시 전화했다.

“내가 ‘내 주위에 기도하는 사람이 언니를 위해 기도했는데 하나님께서 언니에게 돌아오라고 말씀하신다’ 했더니, 언니가 ‘지금은 아니지만 교회로 돌아갈 거야. 나는 예전에 귀신을 보는 게 너무 힘들어서 교회에 다녔고 속장까지 했었어’라고 하더라고.”

그러면서 언니는 그녀가 이렇게 말했다고 했다.

“○○야, 내가 친한 친구를 따라 절에 갔는데 거기서 느껴지는 평안함이 있더라. 산도 좋고 바람도 좋고 물도 좋고. 그래서 그때부터 교회에 안 가고 절에 다니기 시작했어. 나는 따라다니기만 하고 빌지는 않았어. 절에 처음 간 날, 귀신 동자승이 나한테 와서 세 번 절을 하더라. 그런데 사람들은 귀신 동자승이 있는 곳에서 빌지 않고 다른 데 가서 빌더라고.”

언니는 그녀와 나눈 또 다른 대화를 들려주었다. 그녀가 이렇게 물었단다.

“○○야, 너 도깨비가 어떻게 생겼는지 알아?”

언니가 대답했다.

“뿔이 있고 방망이를 들었겠지요.”

“맞아, 도깨비는 진짜로 호피 무늬 옷을 입고 방망이를 들고 있어. 사람들이 직접 본 걸 도깨비 형상으로 만든 거야.

나는 어렸을 때 집이 몹시 가난했어. 커서 결혼하고는 돈이 없으니까 사람들이 무서워서 들어가지 않는 저렴한 '도깨비 터'에 들어가서 장사를 했어. 사람들은 이 도깨비 터에 영기(죽은 이의 기운)가 존재한다고 믿었지. 실제로 도깨비 터는 쿵쿵 소리가 들리고 음산하고 기분이 나빠. 게다가 거기에 들어간 사람은 다 망했어. 그런데 나는 장사가 너무 잘돼서 돈을 아주 많이 벌었지 뭐야."

이 얘기를 들으면서 나는 생각했다.

'그녀 안에 있는 귀신이 도깨비 터의 귀신보다 더 크고 강력한 놈인가 보다.'

이후로도 그녀는 귀신이 보이면 언니에게 "○○야, 저 사람한테는 거지 귀신이 쫓아다녀"라며 귀띔해주었다고 한다.

하루는 그녀가 자고 일어나서 언니에게 말했다.

"○○야, 내가 잠을 못 잤어."

"왜요, 언니?"

"어젯밤 꿈에서 냉장고를 열었는데 김치통에 뱀이 한가득 들어가 있더라. 그래서 뱀을 한 마리씩 잡아서 동강을 내어 볶아서 사람들 술안주로 주느라 잠을 못 잤어."

"뭐 하러 힘들게 그랬어요. 큰 솥에 한꺼번에 넣고 삶아버리지."

하나님 마음을 전하는 기도자

"야, 너도 만만치 않다. 강해."

그녀의 말에 언니는 속으로 생각했다고 한다.

'내 안에 계신 예수님이 강하시지.'

그녀는 맛있는 반찬이 있으면 언니에게 때마다 챙겨주었다. 덕분에 언니는 병원에 있는 동안 편했고 심심하지 않았다고 한다. 무엇보다 귀신에 사로잡혀 하나님께 돌아오지 못하고 있는 그녀의 영혼을 불쌍히 여겼다. 그래서 내게 도움을 청한 거였지만, 정작 그녀가 마음을 열지 않으면 아무리 기도해준들 소용이 없었다.

언니는 퇴원할 때 그녀와 번호를 주고받으며 그녀에게 이렇게 말했다.

"언니는 하나님께서 돌아와야 한다고 하시니까 도움이 필요하면 언제든 연락해요!"

이후 둘은 안부 전화를 두어 번 주고받았고, 더 이상의 교류는 없었다.

언니의 친한 친구 중에 강화에서 가게를 운영하는 친구가 있다. 언니는 가끔 그 가게에 들러 담소를 나누곤 한다.

하루는 그 가게에 모르는 여자가 앉아있었다. 그 여자는 언니를 보더니 대뜸 말했다.

"언니는 허리가 아프네. 저기 허리가 튀어나왔네."

언니는 태연하게 응수했다.

"나 허리 아픈 거 모두가 아는데요 뭐~"

알고 보니 그 여자는 무당이 되지 않으면 살 수가 없어서 무당이 될 준비를 하고 있었다. 그런데 희한하게 언니가 가게에 놀러 갈 때마다 그 여자가 있었고, 언니에게 보이거나 느껴지는 것들을 계속 말해주었다.

나는 이 얘기를 듣고 언니에게 충고했다.

"악한 영이 자꾸 언니 마음을 떠보는 거니까 아예 신경을 끄고 예수님의 이름으로 대적해!"

이후 언니는 그녀를 볼 때마다 예수님의 이름으로 그 배후에 있는 악한 영을 대적했다. 그러자 그녀는 더 이상 언니를 봐도 그런 얘기를 일절 꺼내지 않았다. 언니와 눈도 잘 맞추지 않고 소극적으로 변하기까지 했다. 역시 예수님의 이름은 강력했다.

언니로부터 이 놀라운 변화에 대해 듣던 중에, 내 안의 성령께서 말씀하셨다.

'내 딸아, 귀신도 레벨이 다 다르단다. 어떤 귀신은 마음과 몸이 약한 사람만 골라서 들어가지만, 어떤 귀신은 마음과 몸이 강한 사람에게도 들어간단다.'

나는 귀신들이 자기 수준에 따라 사람을 골라서 들어간다는 게 신기했다. 문득 이런 생각이 들었다.

하나님 마음을 전하는 기도자

'그러면 들어간 귀신에 따라 무당도 레벨이 다 다르겠구나.'

그러나 제아무리 귀신이 강하다 한들 우리는 걱정할 게 없다. 이미 이천 년 전에 예수님이 사단의 머리를 부서뜨려 놓으셨기 때문이다. 예수님을 믿는 자는 예수 이름의 권세로 악한 영을 대적하고 승리할 수 있음을 믿어야 한다.

내가 너희에게 뱀과 전갈을 밟으며
원수의 모든 능력을 제어할 권능을 주었으니
너희를 해칠 자가 결코 없으리라 눅 10:19

끝까지 책임지시는 사랑

개척하고 이 년이 조금 지났을 때였다. 어느 금요일 오전 열 시쯤, 친한 지인에게서 전화가 왔다.

"사모님, 기도하러 가고 싶은데 가도 되겠습니까?"

목소리가 다급하고 불안했다.

"네, 알겠습니다. 교회로 오세요."

이 성도님은 교회에서 한 시간 정도 떨어진 곳에 살았다. 나는 먼저 그를 위해 기도한 후 시간에 맞춰 교회로 출발했다. 기도 중에 그의 마음이 전해졌다.

아이고, 이걸 어떻게 하나. 나는 힘이 없고 약한데
이러지도 저러지도 못하고 어떻게 해야 하나.

그를 향한 하나님의 마음도 부어졌다.

다 뒤집어엎을 수도 없고,
화났다가 불안했다가
지난 삶에 대한 울분으로 가득하구나.
그동안 흘러가는 대로 할 일은 하되
친구의 눈치를 보면서 그 자리를 지켰구나.
땅을 담보 잡혀 친구에게 돈을 대면서
동업이 아닌 상하관계로 찍소리 못하고
노예 계약을 한 것처럼 살았구나.
악한 영에게 자기 손발이 다 잘려 나가는지
인식도 못 한 채, 주눅이 들어 찢기고 끌려다녔구나.
동업하는 친구가 너무 화를 내니까
시키는 걸 하면서 눌려 살았구나.
그 친구를 생각만 해도
공포와 두려움이 올라오는구나.
이제라도 네 자리, 네 위치를 지키거라.
손발이 다 잘려 나가도록 무뎌진 네 마음을,

하나님 마음을 전하는 기도자

내가 들어갈 수 없을 만큼 굳어진 삶을,

이제는 철저히 회개해라.

악한 영이 너를 무기력하게 만들지 못하도록

네 마음을 재정비해라.

신앙의 성숙이 일어나지 못하도록

너를 무뎌지게 한 악한 영을 내쫓아라.

강하고 담대해라. 나의 긍휼을 구해라.

기도 내용으로 봐서는 많은 일이 있었던 것 같았다.

교회 문이 열리고 성도님 부부가 같이 들어왔다. 남편 성도님이 내 앞에 힘없이 앉아 자초지종을 털어놓았다. 그는 친구와 사업을 하다가 7억6천만 원의 빚을 진 상황이었다. 농지은행에 땅을 모조리 잡히고, 마이너스 통장도 다 쓰고, 은행권 대출도 전부 막혀서 만 원 한 장 융통할 수 없는 지경에 있었다.

나는 받은 말씀을 가지고 기도를 해주었다. 그는 기도 내용을 전부 인정하면서 말했다.

"그 친구 앞에만 서면 주눅이 들어요. 두려워서 말을 못 하겠어요. 그는 이제 각자 벌자고 하는데, 돌아보니 제게 남은 건 빚밖에 없어요. 저는 그가 사업에 돈이 필요하다고 하면 땅을 잡혀가면서까지 대주었어요. 몇 년간 돈만 대주었고, 그 친구와 동업하기 전에 벌어놓은 것마저도 사업에 다 넣었어요."

그는 그동안의 사업 과정을 구체적으로 들려주었다. 나는 다 듣고 나서 말했다.

"그럼 친구분은 그동안 사업하면서 본인이 먹고살 길은 다 마련해놓은 거네요."

"그렇죠. 이제 사업으로 벌어서 자기가 빚진 것만 갚으면 되는 거죠."

"결국 성도님은 친구분 사업의 기반을 마련해주고 빚만 떠안게 된 거네요. 어떻게 보면 사기를 당한 것 같을 수도 있겠어요."

그의 아내는 억울함에 온몸을 부들부들 떨었다. 그녀는 다 잃고 빚만 남았다며, 앞으로 어떻게 살아야 할지 모르겠다고 하며, 마음을 쉽게 가라앉히질 못했다.

나는 객관적으로 바라봐야 했다. 그래서 성도님의 친구분을 위해서도 기도했다. 그도 처음부터 나쁜 마음으로 동업을 시작한 건 아니었다. 그런데 어느 날부턴가 자기만 열심히 일하는 것처럼 느꼈고, 추가로 벌인 사업에서 수입이 생기자 자기 몫을 챙겨야겠다는 욕심이 가득했다.

결과만 놓고 보면, 그 성도님이 빚을 지면서까지 친구의 사업 자금을 대준 꼴이었다. 수중에 빚 말고는 남은 게 아무것도 없어서 그나마 남아있는 땅을 팔아 급한 불부터 꺼야 했다. 하지만 땅값이 전국적으로 올라 그마저도 잘 팔리지 않는 상황이었다.

나는 성도님 부부와 함께 찬양하고 말씀을 나눈 후 기도하기 시작했다. 성도님을 잡고 기도하면 화와 울분, 슬픔, 낮은 자존감, 무기력, 좌절, 낙심, 절망감이 스멀스멀 올라왔다. 이런 악한 감정을 쫓는 게 우선이었다. 우리는 믿음으로 거듭 선포했다.

"예수님의 이름으로 명하노니 울분의 영은 떠나갈지어다!

예수님의 이름으로 명하노니 슬픔의 영은 떠나갈지어다!

예수님의 이름으로 명하노니 좌절과 낙심의 영은 떠나갈지어다!"

악한 영을 쫓고 또 쫓았다. 그때마다 성도님은 기침을 하고 가래를 뱉어냈다. 더러운 게 전부 나올 때까지 그를 붙들고 예수님의 이름을 외쳤다.

기도 중에 갑자기 그의 안에서 커다란 구렁이 같은 게 얼굴을 내밀고 입을 크게 벌린 채 내게 덤벼들었다. 그러면서 사나운 목소리로 말했다.

'얘도 가만히 있는데 네가 뭔데 지랄이야!'

순식간에 일어난 일이라 놀랐지만, 나는 악한 영에게 눈길조차 주지 않고 계속해서 기도했다. 그때 천둥소리 같은 하나님의 음성이 임했다.

'회개하라!'

내가 회개할 내용을 여쭙자 하나님께서 말씀하셨다.

'내 아들이 그동안 나를 신뢰하지 못하고 나 없이 살았던 것과 악한 영에게 끌려다니며 내 자녀답게 살지 못한 것을 깊이 회개하라!'

나는 성도님에게 하나님의 말씀을 대언했다. 그러자 그는 비통한 목소리로 하나님 앞에 꿇어 엎드려 통회 자복했다.

그날 우리는 한 시간 넘게 악한 영을 내쫓고 회개 기도를 드렸다. 기도를 마치자 성도님 부부의 얼굴이 한층 밝아져 있었다. 그들은 "이제 좀 살 것 같습니다"라며 내게 감사 인사를 건네고는 돌아갔다.

그날 오후 성도님의 아내에게서 전화가 왔다.

"좀 전에 부동산에서 땅을 계약하고 싶다고 연락이 와서 지금 남편이 부동산에 갔어요."

잠시 후 또 전화가 왔다.

"내놓은 땅이 잘 팔려서 계약금을 받았어요!"

기도 응답이었다. 그렇게밖에 해석할 길이 없었다. 악한 영을 쫓고 죄를 회개하자 주님이 곧장 역사하신 거였다. 감사가 절로 나왔다. 우리는 하나님을 더욱 신뢰하며 기도에 힘썼다.

성도님은 땅을 두 자리 더 내놓았고, 그것까지 팔려야 숨통이 트이는 상황이었다. 매 주일 늦은 오후에 나는 성도님 부부와 교회에서 합심하여 기도했다. 둘은 하나님의 음성을 청종하며 가난한 심령으로 엎드렸다. 평일에도 말씀을 따라 살아내려 애썼고, 새벽기도를 다니며 악한 영에게 틈을 주지 않았다.

어느 날 아내분에게 전화가 왔다.

"사모님, 땅을 사겠다는 사람이 왔는데 지난번보다 조금 높게 값을 부르려고 합니다."

"우선 불러보고 조정할 수 있으니까 하고 싶으신 대로 하세요."

내가 대답했다. 얼마 지나지 않아 또 전화가 왔다.

"계약하려는 사람이 마음이 급했는지 남편이 일하는 곳까지 찾아와서 기다렸다가 계약했어요. 지난번보다 조금 높은 가격으로요."

첫 번째 땅을 판 지 한 달이 채 되지 않았는데 두 번째 땅이 팔린 거였다. 주위에서는 안 팔리는 때에 그 정도 가격이면 아주 잘 받은 거라고 말해주었다.

아내분이 울먹이며 내게 말했다.

"모든 것이 주님의 은혜입니다. 사방이 막혀있을 때 기적적으로 땅 거래를 허락하신 하나님께 감사합니다."

그다음 날 성도님 부부는 땅을 또 팔라는 제의를 받았지만 '땅이 유일한 재산인데 다 팔아버리면 어떡하나' 하는 마음이 들어 정중히 거절했다.

그들이 땅을 두 군데 판 이후로 땅값은 계속 떨어졌고 극심한 거래절벽이 지속되었다. 사실 세 번째 땅까지 전부 팔아야 빚 부담이 덜어지는 상황이었다.

그러나 부부는 기도하며 돌파구를 찾았다. 그러자 예상치 못한 통로로 재정이 채워졌고, 세 번째 땅까지 팔지 않아도 될 만큼 상황이 풀려갔다. 하나님의 은혜는 실로 놀라웠다.

그 성도님은 땅을 판 돈으로 우선 급한 빚을 갚았다. 하지만 억울하게 날린 돈을 찾는 일이 남아있었다. 친구와 사업하면서 돈이 필요할 때마다 자기 땅을 담보로 잡혀 돈을 댔으니 되찾아야 했다. 땅을 판 돈으로 빚은 갚았지만 사실상 그 돈이 다시 들어와야 하는 상황이었다.

그런 와중에 성도님 부부는 섬기던 교회의 목사님 내외와 성도 몇 분을 초대해 식사 자리를 가졌다. 자기들을 신경 써주고 기도해준 분들에게 감사를 전하기 위함이었다.

이 부부가 섬기던 교회 사모님은 그들이 가장 힘들어할 때, 특히 아내분이 제대로 먹지도 못하고 다니는 걸 보고는 저녁을 사주며 많은 위로와 격려를 해주셨다고 했다. 또 이들의

하나님 마음을 전하는 기도자

사정을 들은 한 장로님은 아는 법조인을 소개해주겠다고 나서기도 했다. 아니나 다를까, 그날 식사 자리에 사모님이 한 분을 더 데려왔는데 바로 그 법조인이었다. 덕분에 성도님 부부는 자연스럽게 자신들이 처한 상황을 말하고 법률 자문을 받을 수 있었다.

그 법조인은 돈을 최대한 찾아올 수 있도록 도와줄 테니 걱정하지 말라며, 원한다면 강남의 유명한 법무 법인을 소개해주겠다고도 했다. 그러나 성도님은 작은 시골 마을에서 서로를 고소하고 재판하는 게 마음에 걸려, 우선은 어떠한 조치도 취하지 않고 잠잠히 하나님의 도우심을 구하기로 했다.

오직 기도로 문제의 실마리를 찾던 두 사람에게 하나님은 신실하게 응답하셨다. 성도님에게 대변인을 붙여주셔서 그 친구와 직접 대면할 일이 없게 하셨고, 또 다른 조력자를 통해 친구를 설득하여 마음을 바꾸게 하셨다.

그렇게 성도님 부부는 재판까지 가지 않고도 받아야 할 돈을 전부 돌려받을 수 있었다. 약 오 개월 만에 모든 일이 마무리되었다. 전적인 하나님의 은혜였다.

사실 성도님 부부는 우리 교회에 올 때마다 낙심하고 지친 기색이 역력했다. 하나님은 이들을 감싸며 위로하셨고 힘과 용기를 북돋아 주셨다. 그러면서 한결같이 말씀하셨다.

'내가 일할 테니 너는 나를 믿고, 나만을 인정하거라.'

하나님은 이들이 하나님을 믿고 따를 때까지 오래 참고 기다리셨다. 그때그때 필요한 말씀을 주셨고, 문제를 하나씩 해결해가셨다. 포기치 않으시는 하나님의 사랑을 곁에서 목도하며 나도 감격했다.

'이런 사랑의 하나님이시기에 독생자를 보내주시고 그 참혹한 십자가에 달릴 수 있으셨겠구나.'

오 개월간 함께 씨름하며 깨달은 것은 하나님과 나 사이를 가로막는 악한 영과 죄의 문제가 해결되고, 내가 하나님 아버지 안에 거할 때 하늘의 복이 저절로 흘러들어온다는 사실이다.

> 여호와의 손이 짧아 구원하지 못하심도 아니요
> 귀가 둔하여 듣지 못하심도 아니라
> 오직 너희 죄악이 너희와 너희 하나님 사이를 갈라놓았고
> 너희 죄가 그의 얼굴을 가리어서
> 너희에게서 듣지 않으시게 함이니라 사 59:1,2

이 시간을 통해 성도님 부부의 영이 살아나고 믿음이 더욱 성장하길 바랐다. 이들은 종종 내게 말한다.

"사모님, 함께 기도하면서 하나님의 살아계심을 생생히 경험했어요. 그분의 사랑을 알게 해주셔서 감사해요."

이 부부는 현재 받은 은혜를 흘려보내며 교회를 열심히 섬기고 있다.

나의 종들에게 부탁하노라

지난겨울, 지인의 소개로 남편과 함께 전도 세미나에 참석했다.이박 삼일 일정으로 목사, 사모, 전도사 외에도 많은 성도가 왔다. 저녁 집회 전에 다 함께 찬양하고 합심하여 통성기도를 했다. 그때 하나님의 말씀이 내게 임했다.

주님은 그 자리에 있던 많은 사람을 한꺼번에 지목하셨다. 그들이 가지고 있는 고질적인 기질과 성향, 굳어진 신앙관, 사역자로서의 고집과 고정관념 등을 꼬집으시며, 그런 것만을 옳게 여기는 모습을 책망하셨다.

저들 안에서 성경이 말씀하는 진리의 법과 자기 마음속 기준의 법이 싸우고 있는데, 그 사실조차 인식하지 못하고 자기만의 기준으로 목회를 하고 있다고 꾸짖으셨다.

또한 목회자의 바르지 않은 목회관이 성도와 하나님 사이의 친밀함을 가로막으며, 영혼을 향한 사랑 없이 무언가에 얽매여서 의무적으로 목회하는 건 아버지의 뜻이 아니라고 말씀하셨다. 주님은 그분과의 깊은 교제 가운데 누리는 자유함이 얼마나 크고 기쁜지를 알려주고 싶어 하셨다. 그 안타까움이 기도 가운데 절절히 느껴졌다.

나는 마음에 찔림을 받았다.

'주님이 지목하신 사람들은 다름 아닌 목회자나 사모겠구나.'

당장이라도 앞으로 달려나가서 그 자리에 모인 사람들에게 하나님 아버지의 마음을 전하고 싶었다. 그 순간, 내 안에 준엄한 음성이 또 한 번 울려 퍼졌다.

나는 기쁜 마음으로 인간을 창조했고
내가 만든 천지 만물을 다스릴 권세를 인간에게 허락했다.
그러나 그 아름다운 세상(인간의 영혼육 포함)은
최초의 인간으로 인해 죄가 들어오면서 파괴되기 시작했다.
나는 하늘 높은 줄 모르고 자라나는 너희의 교만과
그릇된 행실을 바라봄이 너무 괴로웠도다.
악한 영과 어울리며 분별하지 못하고 살아가는
너희의 모습이 참으로 안타까웠도다.
내가 지극정성으로 만든 사람과 세상이
파괴되는 모습을 지켜보는 것은
참으로 경악할 일이었도다.

나의 사랑하는 종들에게 부탁하노라.

하나님 마음을 전하는 기도자

악한 영은 세상을 속이고 나의 종들도 속여

그 마음이 죄로 인해 갈 바를 모르고 헤매며

결국은 자포자기하여 흘러가는 대로 살아가게 하고 있구나.

그러면서 내 앞에서 상황에 따라 원망과 불평을 늘어놓고,

때로는 마음의 찔림을 느끼기도 하지만,

세상 사람들과 똑같이 살아가는

나의 종들의 모습이 너무 안타깝구나.

물론 모든 종이 다 그렇게 산다는 것은 아니다.

그러나 많은 종이 세상과 타협하고 처한 상황에 순응하며

악한 영이 틈타고 들어오는 것을 차단하지 못하고 살아간다.

더 답답한 것은, 이 모든 걸 인식조차 못 한다는 것이다.

악한 영이 들어오는 통로를 막고 차단해라.

깨어서 기도해라. 나를 알기 위해 더욱 힘써라.

각자의 마음을 돌아보고 악한 영을 내어쫓고

내 안에서 마음을 지켜라.

나의 자녀들의 영혼이 너희 손에 달려있다는 것을

무거운 마음으로 받아 통회하고 자복하며 나아오거라.

제발 세상 것들을 바라보지 말고

너희에게 맡겨진 영혼만을 바라보고

죽기 살기로 내 앞에서 기도해라.

너희의 사명이 무거움이라.

더 이상 교회 안에서 악한 영이 널뛰지 못하게 해라.

악한 영이 이미 장악하여 공격할 필요조차

느끼지 못하는 교회들도 있다는 것을 기억해라.

너희의 교회가 그런 교회가 되지 않기를 기도해라.

다시 한번 부탁하노라.

너희의 영부터 내 앞에 온 맘과 온 힘을 다해 나아오거라.

그리고 죽어가는 세상 가운데 있는 나의 양들에게

좋은 꼴을 먹여라. 나는 분명히 양들의 책임을 물으리라.

양들에 대한 너희의 책임이 더 무겁다는 것을 잊지 말아라.

모든 지킬 만한 것 중에 더욱 네 마음을 지켜라.

생명의 근원이 이에서 남이니라.

　　나는 하나님의 음성을 듣고 마음이 너무 아팠다. 우리 가정
도 하나님 앞에 게으른 것은 아닌지, 충성된 종으로서 사명을
감당하고 있는지를 돌아보았다. 나와 남편을 포함해서 목회
자들의 안일함과 게으름을 회개했다.

　　그러자 하나님께서 내게 말씀하셨다.

나의 딸아,

아무것도 두려워하지 말아라.

내가 앞으로 너를 통해 이루고 행할 일들을

기도로 준비하며 믿음으로 굳건히 서기를 원하노라.

내가 네 손을 꼭 잡고 놓지 않으리라.

지금보다 더 강해지자꾸나.

나를 꼭 지키시겠다는 아버지의 마음이 강하게 전해졌다. 그 사랑이 감격스러웠다. 뜨거운 눈물이 흘러내렸다.

나의 하나님, 나의 아버지만 높임과 영광 받으시기를 소망하며 나는 계속 기도를 이어나갔다.

내가 그리스도와 함께 십자가에 못 박혔나니

그런즉 이제는 내가 사는 것이 아니요

오직 내 안에 그리스도께서 사시는 것이라

이제 내가 육체 가운데 사는 것은

나를 사랑하사 나를 위하여 자기 자신을 버리신

하나님의 아들을 믿는 믿음 안에서 사는 것이라 갈 2:20

하나님 아버지의
사랑의 편지

    코로나 삼 년 동안, 나는 기도 부탁을 받으면 언제든 전화로 혹은 만나서 기도 사역을 했다. 오로지 영혼 하나만 보고 기꺼이 감당했다. 대부분 어렵고 힘든 일을 겪은 사람들이었다.

    나는 기도할 때 한 가지 생각밖에 없었다.

    '영혼을 살리자.'

    그랬기에 늘 안타까움과 사랑의 마음으로 기도할 수 있었다.

    삼 년이 지난 지금, 때마다 부어주신 하나님의 마음이 한 권의 기도 노트가 되었다. 아래 스무 편의 기도문은 2019년부터 현재까지 내게 기도를 부탁하거나 직접 찾아온 이들을 기도해주며, 하나님께 받은 마음을 기록한 것 중 일부다.

    하나님께서는 이 기도문에 대해 이렇게 말씀하셨다.

    '세상의 사랑은 서로가 구속하고 구속되지. 나의 사랑은 너희를 구속하는 것이 아니라 내 안에서 참사랑과 자유함을 누리게 한단다. 이 기도문은 영혼을 향한 나의 애끓는 마음을 담은 사랑의 편지다.'

나는 기도문을 읽기만 해도, 가슴 뭉클한 하나님의 사랑을 느낀다. 기도를 받은 이들은 대부분 하나님의 음성에 신기해 하면서도 그분의 살아계심을 확신하고 위로를 얻었다. 영혼이 살아날 때마다 하나님의 영광이 드러났다. 종 된 자로서 가장 기쁜 순간이었다.

이 기도문을 통해 하나님의 위로가 당신에게도 가 닿기를, 각 기도문이 나의 이야기이자 나를 향한 주님의 음성으로 깨달아지는 은혜가 있기를 기도한다.

주 예수를 붙잡으라

칠십 대 여자 성도. 시골에서 아들 셋 낳고 열심히 일하며 자수성가함.

참 억척스러운 삶을 살아왔구나.

이것저것 생각하지 않고, 오로지 잘살기 위해

물불 가리지 않고 악착같이 살아왔구나.

삶만 봤을 때는 참 힘들고 가슴 아픈 삶이었구나.

이제 겨우 잘사나 했더니 아들들이 다 가져가고

이제 남은 건 지친 몸뿐이로구나.

최선을 다해 살아왔으나 돌아보니

재산도, 자식도, 명예도, 권력도 남은 게 없구나.

부모 마음을 알아주지 않는 자식들 때문에 참 서럽다.

다 내 생명보다 귀한 자식들인데,

다 제각각 욕심이 많고 자기들밖에 모르는구나.

이대로 가도 여한이 없다. 몸과 마음이 너무 지쳤다.

주 예수를 붙잡으라.

너의 마지막 길에 예수를 붙잡으라.

네 생명이 나에게 있으니 믿음으로 나를 붙잡으라.

네 마음이 내게 나아오는 만큼 나도 너를 지키리라.

마음의 아픔을 추스르고 나를 바라보라.

나는 너를 지키는 자니라.

네 의지에 따라 나는 너와 함께하리라.

너와 꽁냥꽁냥 하고 싶구나

오십 대 여자 성도. 어릴 때 신앙생활을 반대하는 어머니와의 갈등으로 온갖
핍박과 구타를 당함. 그 상처가 지금까지도 삶에 큰 영향을 미침.

하나님, 이제는 무엇이든지

하나님께서 말씀하시면 순종하고 따르겠습니다.

부족하고 연약하지만 말씀하시는 대로 순종하겠습니다.

삶에 모진 풍파와 아픔, 슬픔, 고통의 시간도 있었지만

이제는 하나하나 주님 안에서 헤쳐나가겠습니다.

하나님을 알게 해주세요. 하나님께서 깨닫게 해주세요.

하나님의 뜻이 무엇인지, 더 구체적으로 깨닫게 해주세요.

하나님이 기뻐하시는 일을 하게 해주세요.

주님, 이제는 맡깁니다. 나의 남편도, 자녀도

제가 어떻게 할 수 없습니다. 그저 기도하고, 때가 되면

하나님께서 말씀하시고 이루실 것을 믿습니다.

하나님, 이제는 하나님을 따르겠습니다. 순종하겠습니다.

열심히 살아온 나의 딸,

마음이 지치고 힘들어도 스스로를 위로하고 기도하고

하나님의 뜻을 구하며 걸어온 나의 딸.

때로는 눈물이 앞을 가리고 마음이 아파도

의지 하나로 버티며 살아온 나의 딸.

남편에게도 하고픈 말을 다 하지 못하고

스스로 마음을 토닥이고 인내하며 살아온 나의 딸.

때론 가장 역할을 하며 마음을 추스르고 살아온 나의 딸.

내가 나의 딸의 삶을 다 알고 기억하고 있도다.

때론 죽고 싶을 때도 있었지.

혼자 전전긍긍하며 애쓸 때도 있었지.

나의 딸이 살아온 삶의 한순간도

내가 지켜보지 않은 것이 없도다.

나의 딸에게 말해주고 싶구나. 고생했다.

내가 늘 네 곁에 있었다고 말해주고 싶구나.

이제는 나의 딸이 무거운 신앙생활이 아니라 내 안에서

자유함을 느끼며 행복한 신앙생활을 하길 원하노라.

나의 딸아, 남편, 자식, 중요하지.

그러나 지금은 이것저것 보지 말고

그들은 기도로 맡기고 나와 더 친밀해지자꾸나.

나의 사랑의 깊이를 더 아는 자가 되자꾸나.

네 시간을 틈틈이 더 내어서 나와의 기쁜 신앙생활,

나와의 교제가 얼마나 행복한 것인지

아는 자가 되기를 원하노라.

나의 딸아, 사랑하는 사람과 꽁냥꽁냥 하는 것처럼

나는 너와 꽁냥꽁냥 하고 싶구나.

꽁냥꽁냥은 어려운 것이 아니다.

삶 속 작은 문제, 큰 문제에 대해

나와 함께 이야기하는 것이라.

나를 아는 기쁨이 얼마나 큰 기쁨인지

나의 딸에게 알려주고 싶구나.

다시 한번 고생하고 애썼다고 말해주고 싶구나.

나와 함께 걸어가자

이십 대 여자 성도. 어릴 적 아버지를 여의고 스스로 성공해야 한다는 압박감

을 가지고 살아옴.

신실하게, 진실하게 살아가자.

감사와 기쁨으로 살아가자.

나의 삶, 나의 갈 길의 끝은 어딘지 모르나

하나님께서 부르시면 언제 갈지 모르나

지금 이 순간을 기쁘고 행복하고 즐겁게 살자.

나는 모든 것에 최선을 다할 것이다.

열심히 최선을 다해 나의 일을 해나갈 것이다.

목표를 정해놓고, 하나님께서 함께하시고

인도하시고 이끌어주실 것을 바라며

최선을 다해 살아낼 것이다.

주변 환경과 사람에 영향받지 않고

할 수 있는 한 최선을 다해 노력하며 걸어갈 것이다.

어떤 모진 풍파가 온다 해도 오뚝이처럼 일어날 것이다.

나는 꼭 해낼 것이다. 나는 꼭 성공할 것이다.

(말에 아픔과 슬픔이 배어있음.)

내 사랑하는 딸아, 앞만 보지 말아라.

목표를 향해 달려가는 것은 좋으나

모든 초점을 거기에 맞추지 말아라.

앞뒤 좌우도 보고, 숨도 쉬고, 쉼도 누리며

너 자신에게 자유함을 주거라.

잘 해내야만 하는 강박관념을 내려놓아라.

좀 실수해도, 좀 늦어도, 좀 못해도, 좀 느려도 괜찮다.

나는 너의 사랑스러운 모습 그대로를 보고 싶구나.

조급할 필요도, 빨리 갈 필요도 없단다.

네 생각과 마음의 초점을 나에게 맞추고

한걸음 한걸음 나와 보폭을 맞추며 함께 걷자꾸나.

그것이 얼마나 여유롭고 행복한 발걸음인지

나의 딸이 알기를 원하노라. 조급해하지 말아라.

늦지 않았도다. 마음의 여유에서 오는 자유함과

내가 주는 평안 안에서 함께 걸어가자꾸나.

겉으로는 괜찮아 보이지만,

네 초점은 한 곳에만 집중되어 있어서

그것이 너의 다른 모습을 다 감추었구나.

네 사랑스러운 모습과 아름다운 마음과 성품을 가리는구나.

나의 딸아, 열심히 하지 말라는 게 아니다.

나와 늘 동행을 하자꾸나.

죽기 살기로 기도해라

오십 대 남자 목사님. 성도들과 교회 건축 문제로 의견이 맞지 않아 마음에
원망과 불평과 화가 있음.

어떻게 해야 하는 거냐?

그 누구도 나와 같은 이 없으리. 힘들다. 지친다.

앞을 봐도 답이 없고, 뒤를 봐도 답이 없고

세상 것을 좇을 수도 없고…. 하나님, 어떻게 해야 합니까?

사람들의 말을 들을 수도 없고

세상의 방법대로 살아가고 싶지도 않습니다.

그냥 하나님의 뜻과 방법대로 순종하며 나아가겠습니다.

그러나 주님, 이 힘들고 괴롭고 외로운 싸움을

언제까지 해야 할까요? 하나님께서 말씀하시면 됩니다.

하나님께서 이루시면 됩니다. 하나님, 말씀만 하세요.

하나님께서 뜻하시는 대로 모든 것을 이뤄주세요.

주님, 주님, 저는 어떻게 합니까? 주님밖에 답이 없습니다.

하나님, 왜, 왜요? 저를 사랑하시면 이렇게 하시면 안 되죠.

하나님께서 모든 것을 순적하게 이뤄주셔야죠.

나의 아들아, 지금껏 네가 살아온 길을 돌아보아라.

네가 주인이었니, 내가 주인이었니?

너의 참 주인이 너였니, 나였니? 잘 생각해보아라.

네 뜻대로, 네 생각대로 해놓고

나에게 징징대는 모습이 가소롭구나.

살고 싶으냐? 그러면 이것저것 생각하지 말고

네 욕심을 내려놓고 내 앞에 납작 엎드려라.

순종이 제사보다 낫다. 순종하거라.

잠잠히 내 앞에서 너 자신을 돌아보거라.

지금껏 네가 내 앞에서 어떻게 살아왔는지,

스스로가 어떤 모습이었는지를 돌아보아라.

그리고 깨어 기도해라. 죽기 살기로 기도해라.

죽기 살기로 붙들어라. 철저히 회개하고

너의 생명 다해 나에게 나아오거라.

천국은 영원하니라

팔십 대 남자 성도. 경추가 눌렸는데 연세가 있어 수술이 힘든 상황.

깊은 슬픔, 깊은 절망. 이제 나는 어떻게 해야 하나.

진짜 답이 없구나. 그냥 이대로 사는 거지.

이렇게 살다가 죽는 거지. 이제는 아무것도 못 하겠구나.

그래도 내가 할 수 있는 것은 해야지.

사랑하는 나의 아들아,

네 삶에 가장 중요한 것이 무엇이냐?

삶의 끈을 놓는 것도, 그만 사는 것도

네가 원하는 대로 되는 것이 아니란다.

네 생명의 주관자는 나니라.

고된 삶의 결과물이 지금 너의 모습을 만들었구나.

그러나 나의 아들아, 그럼에도 불구하고

내 안에 거하기를 원하노라.

내 안에서 그 마음을 끌어올려

천국 소망을 갖기를 원하노라.

깨어 기도해라. 네 생각을 내버려 두지 말아라.

나는 너의 아버지이고 너를 만든 창조주니라.

생각에 빠져들지 않기를 원하노라.

악한 영이 네 영을 잠식하려고 계속 지켜보고 있구나.

네 생각을, 네 마음을 내 안에서 지켜라.

내가 너와 함께할 수 있게 해라. 네 마음속에 악한 영이

자꾸 장난을 치지 못하게 네 마음을 지켜라.

그 속에 빠져있으면 네 마음은 계속 지쳐갈 것이고

네 육신은 악한 영에게 완전히 사로잡히리라.

너는 나의 아들이잖니.

그러니 나를 바라보고 나를 의지해라.

삶의 소망을 천국에 두거라. 이제는 남은 인생을

내 안에서 기뻐하고 감사하기를 원하노라.

나의 아들이 나와 함께 천국에 있기를 원하노라.

마음을 지키는 것이 너를 지키는 것이니라.

십자가의 사랑을 기억하고 기도해라.

내가 너의 아버지임을 늘 기억해라.

네 소망은 이 땅이 아니라 천국에 있음을 기억해라.

네 마음을 지키며 늘 기도해라.

내 아들아, 괜찮다. 가벼운 기도여도 좋으니

네 아픈 곳에 손을 얹고 기도하며 감사해라.

네 마음에 내가 들어갈 수 있도록

네 마음을 악한 것으로부터 지켜라.

지금의 육체가 중요한 것이 아니라

죽음 이후에 어디에 있느냐가 중요한 것이라.

이 땅은 잠깐 왔다가 가지만 천국과 지옥은 영원하니라.

네 영혼이 불구덩이와 상상할 수 없는

고통 가운데 영원토록 있기를 원하느냐?

아니면 나와 함께 천국에서 영원히 행복하기를 원하느냐?

네 마음을 내 안에서 지켜라. 악한 영은 네 생각에 틈타서

조금씩 네 영혼을 잠식할 것이며

결국은 죽음(사망)에 이르게 할 것이라.

나의 아들아, 나는 네 마음을 너무나 잘 안다.

나를 믿고 기도해라. 감사해라. 기뻐해라.

네 믿음이 너를 구원하리라.

이제라도 늦지 않았다

사십 대 남성. 암으로 시한부 판정을 받음. 마음에 슬픔과 간절함이 가득함.

하나님, 너무 두렵습니다. 너무 무섭습니다.

어떻게 해야 할지, 어디로 가야 할지….

하나님, 저 좀 살려주세요. 저 좀 도와주세요.

어떻게 해야 합니까? 사는 게 힘들어도 더 살고 싶습니다.

절 불쌍히 여겨주세요. 어떻게 해야 제가 살 수 있을까요?

살고 싶어요. 살게 해주세요.

저는 이제 아무 소망이 없습니다.

이제 남은 인생을 어떻게 해야 할지,

어떻게 마무리해야 할지 하나님, 알려주세요.

나의 아들아, 네가 살아온 삶이 참 아팠구나.

슬펐구나. 지쳤구나. 무엇을 의지하고, 무엇을 바라보며,

어떻게 살아야 할지 답이 보이지 않아 막막하고

한숨과 한탄이 가득한 날이 많았구나.

나의 아들아, 힘들고 어려울 때마다 왜 내게 오지 않았니?

혼자 아파하고 슬퍼하고 괴로워하며 이겨낸 그 세월이

참 안타깝구나. 내 아들아, 이제라도 늦지 않았다.

나는 내 아들의 마음이 강하고 담대해졌으면 좋겠구나.

나의 아들의 찢긴 마음이 내 앞에서

먼저 회복되었으면 좋겠구나.

삶의 회복, 마음의 회복, 찢긴 마음의 상처와

아픔의 회복이 일어나기를 원하노라.

이것저것을 생각하지 말고 내가 네 아버지이고,

너와 함께하고 있으며, 너의 참 구주라는 것을 알기를

원하노라. 네 마음에 구원의 확신이 있기를 원하노라.

나의 아들을 내 품 안에 안아주길 원하노라.

진짜 아버지와 아들의 사랑의 관계가 되면 좋겠구나.

나는 먼 하나님도, 추상적인 하나님도 아닌

네 옆에 있는 구체적인 하나님이 되고 싶구나.

모든 생각을 내려놓고 네 모습 그대로 나에게 나아오거라.

나의 한없는 사랑을 내 아들이 알기를 원하노라.

천국에 들어가는 열쇠

오십 대 여성. 아버지의 장례 예배를 치르는 중 다른 형제들은 예수님을 믿지

만 본인만 믿지 않음.

진짜 하늘나라(천국)가 있을까?

그곳에 진짜로 하나님이 있을까?

웃기고들 있네. 난 잘 모르겠다. 그냥 사는 대로 사는 거지.

삶이 왜 이리 고달프고 힘이 드는지 모르겠다.

사는 게 뭘까? 그냥 사는 대로 사는 거다.

이 세상에서 행복하게 잘 먹고 잘살면 되는 거지.

죽음 뒤에 뭐가 있다고 그러는 건지, 죽으면 다 끝인데….

아등바등 살아봤자 아무 소용없다. 이 땅에 사는 동안

즐기며 살면 되는 거야. 그러다 죽으면 다 끝이지.

아이고, 힘들어. 장례도 이젠 지친다. 우리 아버지는

이 땅에 계시는 동안 행복하게 살다가 가신 건가?

우리 아버지 진짜 좋은 곳에 가셔야 하는데.

세상에서 얻을 것을 바라보며 살아가는 인생들은

어리석은 인생이라. 진리를 보지 못하고

앞에 놓인 상황만 보고 달려들 가지.

또한 자기 인생을 자기 것으로 여기며 살아가지.

그것이 얼마나 교만하고 어리석은 삶인지

깨닫지 못하는 것이 한탄스럽구나.

현실 속에서 직면한 문제만 보지 말고

더 깊고 넓고 높게 삶을 생각해라.

예수 그리스도 안에서 꿈꾸며 살아가는 사람들이

어리석어 보일지 몰라도 그것이 진리요, 빛이요,

희망이요, 행복이요, 천국에 들어가는 열쇠라는 것을
깨닫는 자가 행복한 자니라.

내가 너를 살리리라

사십 대 남자 성도. 자살 시도를 몇 번 했고, 우울증약을 복용 중임. 두려움과
좌절감, 슬픔이 삶을 지배함. 한편으론 살고자 하는 의지도 있음.

아무것도 모르겠다. 진짜 미치겠다. 힘들다. 지친다.
가족이라면 서로 아끼고 사랑해야 하는데 서로 헐뜯고
욕하고 자기 욕심만 채우고… 이제는 정말 싫다.
살기는 사는데 모든 것이 공허하고 허탈하고 외롭다.
가슴이 찢어질 것 같다가도 모든 것이 한순간에
바닥까지 떨어진다. 숨을 쉴 수가 없다. 평안하고 싶다.
어딜 가서 무얼 봐도 이 가슴의 고통을 해결할 수가 없다.
모든 건 끝이 있을 텐데, 어떤 생각과 마음으로
살아가야 할지 모르겠다. 가도 가도 끝이 없고
모든 게 밑 빠진 독에 물 붓기 같다.
사랑으로 묶인 모든 끈도 다 허무할 뿐이다.
끝이 없는 이 길을 언제까지 가야 하나.
그래도 일어서야지. 가다 보면 길이 있겠지.

나의 아들아, 왜 그러고 있느냐.

힘을 내어 일어나야지. 나를 봐야지.

내가 네 아버지인데 어찌하여

삶에 묶여서 나를 보지 않느냐.

네 온유한 성품과 여린 마음이 너를 더 연약하게 만들었고

그 착한 심성이 스스로를 더 고립시켰구나.

힘들면 힘들다고, 지치면 지친다고, 미우면 밉다고,

아프면 아프다고 얘기하지 못하고

혼자 견디며 살아온 삶이 마음의 병을 만들었구나.

이제는 네 마음과 생각을 나에게 집중하거라.

나는 나의 아들이 상상할 수도 없는

천지 만물의 주인인 여호와 하나님이라.

네가 숨을 쉬는 것과 네 생명의 주인은 나 여호와라.

너는 네 몸에 대한 권리가 없다.

네 영과 혼과 육을 함부로 하지 마라.

내 아들아, 이제부터 차근차근 네 삶의 여정을 풀어가자꾸나.

지금 너를 위해 기도해주는 자는 사랑이 많고 따뜻한 자라.

나를 아는 그 사랑을 뺏을 자 없는 나의 정말 귀한 자라.

믿고 가도 된다. 천천히, 조금씩, 조급하지도

다급하지도 않게 네 마음의 문을 열어가자꾸나.

너를 바라보고 있으면 내 마음이 너무 아프단다.

나의 아들이 살아온 고통의 순간들을 한순간에 다

없앨 수는 없지만, 내 안에서 하나씩 해결하기를 원하노라.

네 삶은 지금부터가 시작이니라.

마음을 굳게 먹고 의지를 발동하거라.

모든 시작은 네 마음에 달려있도다.

살길 바라느냐. 그러면 붙들어라. 내게 도움을 요청하거라.

네가 살 수 있도록, 하나님을 바라볼 수 있도록,

하나님의 생명의 사람으로 설 수 있도록

도와달라고 요청하거라.

지금 너를 위해 기도해주는 목사와 사모는

네가 마음을 굳건히 먹기만 하면

충분히 사랑으로 도와줄 사람들이라.

네가 마음을 굳게 먹고 의지를 발동하는 것이 먼저다.

네 영이 살아날 기회니라. 무조건 이 기회를 붙잡아라.

나의 아들이 살길이라.

(하나님께서 너무 사랑하시는 아들이 악한 영에게 사로잡혀서 헤어 나오지

못하는 것과 그곳에 멈춰서 다른 생각과 다른 말을 하며 일어서지 못하는 것

에 화가 날 정도로 마음 아파하심.)

내 피 값으로 산 내 딸아

사십 대 여자 성도. 시어머니와 관계에 어려움이 있음.

하나님, 저는 잘 모르겠습니다. 대체 어떻게 해야 하나요?

사람의 노력으로 가능하다면 어떻게든 노력하겠습니다.

하나님, 저는 이런 관계가 너무 힘들고 불편합니다.

제가 착하고 여리다고 제게 함부로 하는 것이

짜증 나고 화납니다. 이런 생각까지 듭니다.

'내가 지금 뭘 하는 건가. 내가 무슨 죄를 지었나.

내가 무슨 부귀영화를 누리겠다고 이렇게 살고 있는 건가.'

너무 답답하고 숨이 막혀서 이혼하고 싶을 때도 있습니다.

하나님, 도대체 무엇이 문제입니까? 제 스스로가

너무 한심하고 나라는 사람의 인격은 없는 것 같습니다.

나의 귀한 딸아, 네 마음에 평강을 찾으라.

내 피 값으로 산 내 딸이여, 나의 딸을 무시하고

경솔하게 함부로 대하는 자에게 내가 분노하노라.

내 사랑하는 딸아, 너를 홀대함이 곧 나를 홀대함이라.

나의 딸을 아끼지 못함이 곧 나를 아끼지 못함이라.

나의 딸이여, 사람의 말에 네 마음을 왜 빼앗기느냐.

네 마음을 흔드는 악한 영에게 왜 쉽게 넘어가느냐.

나는 나의 딸이 믿음으로 강해지기를 원하노라.

휘둘리지 말아라. 네 영이 홀딱 넘어가지 않게 해라.

흔들대는 갈대 같은 마음을 내 안에서 지켜라.

네 마음을 지킴으로 악한 영이 들어오는 통로를 막아라.

너는 내 안에서 네 자리를 기도로 굳건히 지키거라.

(기도 받는 분을 힘들게 하는 상대에게)

나의 딸을 짓밟고 헐뜯는 자여,

성경 그 어디에 내가 그리하라고 하였느냐.

네가 어찌하여 나보다 더 높아지려 하느냐.

나의 딸을 홀대함이 마음 아프고

몹시 마음에 들지 않는도다.

네 고집과 아집이 만들어낸 너만의 세상, 너만의 세계,

그것은 너 스스로 만들어낸 우상이 되었구나.

그 속에 나를 집어넣지 말아라.

네가 진짜 나의 딸이면, 네 생각, 고집, 아집을 내려놓고

내 안에서 너 자신을 똑바로 보기를 원하노라.

쓰러져가는 네 마음을 나로 강하게 하라

사십 대 사모님. 선교사 남편과의 어려움을 호소함. 힘이 없고 자기 모습을 잃은 상태.

하나님, 저는 살아갈 수가 없어요. 너무 힘들고 지쳐요.
때론 참 주인이 하나님인지 남편인지 모르겠습니다.
지금의 삶이 하나님께서 진정 원하시는 삶인지 헷갈립니다.
하나님, 제 간절한 부르짖음을 들어주세요.
너무 마음이 아프고 상했습니다.
더 이상 버티며 살아갈 힘이 없습니다.
남편은 항상 지시적이고, 본인 말이 다 맞고,
저는 그대로 순종만 해야 하는 겁니까?
왜 그는 변하지 않는 것입니까?
하나님은 왜 지켜만 보십니까?
저는 너무너무 지치고 힘이 듭니다.

내 딸아,
세상의 말도, 사람의 말도 듣지 말아라.
내 딸의 마음을 진짜 사로잡고 있는 것이 무엇이냐?
너의 참 주인이 네 남편이냐, 아니면 나냐?
너의 참 주인이 누구인지를 잘 구분하거라.

나의 딸이여, 내 안에서 네 마음을 지키고
강해지기를 원하노라. 모든 생각을 나에게 집중하거라.
지금 네 마음을 온통 사로잡고 있는 것은
너의 지친 마음과 생각이라.
네 모든 생각이 그 늪 안에 집중되어 있어서
너는 스스로 그 늪에서 허우적거리며
아무것도 못 하고 있구나.
생각이 꼬리에 꼬리를 물고 온통 그 생각에
사로잡혀서 생각의 노예가 되는구나.

네 생각의 물꼬를 차단하기를 원하노라.
악한 생각이 너를 지배하지 못하도록
예수님의 이름으로 선포하고 대적해라.
네 우울함을 예수님의 이름으로 내어 쫓아라.
나의 딸이 비록 실수하고 잘못을 하더라도
나는 나의 딸을 사랑하고 아낀단다.
나의 딸이여, 내 안에서 마음을 굳게 먹고
쓰러져가는 너의 마음을 나로 강하게 하라.
악한 영에게 속지 말고,
네 영이 내 안에서 살아나기를 원하노라.
너의 밝은 모습을 회복하기를 원하노라.

네 삶은 네 것이지 그 누구의 것도 아니며

그 누구를 위한 삶도 아니니라.

네 남편의 신앙적인 신념을

네게 강요하고 요구할 수 없단다.

네 삶의 주체가 너 자신이 되게 해라.

나의 딸이 스스로를 더욱 사랑하기를 원하노라.

나의 딸의 영과 혼과 육이 내 안에서

건강하고 행복하기를 원하노라.

내가 만물의 근원이란다

사십 대 믿음이 없는 여성. 결혼하고 잠시 시어머니를 따라 교회를 다님.

아이고, 사는 게 뭐가 이러냐.

어떻게 살아야 하지? 어떻게 살아야 잘 사는 거지?

어떻게 살아야 내 가족들과 행복하게 살지?

나는 잘 모르지만, 그냥 내가 처한 상황에서

최선을 다해 착하게 살려고 노력하다 보면

우리 가족에게 좋은 일이 생기겠지.

나는 왜 이리 마음이 편치 않고 불안할까?

왜 삶에 안정감이 없을까? 이 세상에 참 진리가 있을까?

인생을 살아감에 있어 정답은 없다.

나는 천지 만물을 창조했고 모든 걸 인간에게 허락했단다.

이 세상은 열심히 일한 자가 그 대가를 얻으며 살아가지.

그러나 그들은 하나님의 존재도, 악한 영의 존재도

알지 못하고 각자의 욕심대로 속이고 빼앗으며

슬픔과 아픔과 고통 속에 살아가고 있단다.

중요한 건, 내가 그것을 공존하게 만들었다는 것이다.

나는 너희에게 자유의지를 주었다. 그 자유의지에 따라

너희는 삶의 대가인 천국과 지옥을 치르게 된단다.

사람을 보지 말아라. 사람의 생각과 마음, 이 땅의 근원이

어디로부터 시작되었는지를 먼저 찾길 원하노라.

그 시작이 나였음을 네가 깨달아 알기를 원하노라.

거짓과 위선의 가면을 벗어라

육십 대 권사님. 정직하지 않은 부동산 투기로 수익을 올리며 사람들과 분쟁
이 생김. 그 수익으로 선교 후원을 함.

아유, 짜증나. 그게 자기 거야?

내가 샀으면 이제 내 것이지.

내가 줘도 그만, 안 줘도 그만인 거지.

여기저기 돈 들어갈 곳은 많은데 나보고 어떻게 하라고.

내가 하나님의 일을 하겠다는데 왜 자기들이 난리야.

내 돈 가지고 내가 알아서 한다는데 왜 지랄들이야.

너는 지금 무얼 바라보느냐?

네가 지금 하는 일들이 내가 하는 거냐,

나를 팔아 네가 하는 거냐?

네 거짓과 위선의 가면을 벗어버려라.

너는 모든 걸 네 생각으로 했지,

내 뜻인지 물어보고 했느냐?

모든 것이 네 뜻이었지, 내 뜻으로 한 것이 있느냐?

천천히 네 모습을 돌아보아라.

너는 나를 위해 한다고 했으나

그것은 오로지 너의 의였고, 너를 나타낸 거였다.

나에게 올라온 것은 아무것도 없다.

나는 그 돈과 아무 상관이 없느니라.

네가 너를 위해 한 것이기에 나는 네 돈과 말과 행위,

그 어떤 것에도 상관하고 싶지 않도다.

네가 나를 팔아 네 의를 높이는구나.

자존심마저도 내려놓아라

칠십 대 권사님. 기독교인에게 사기를 당한 후 사람을 향한 신뢰가 무너짐.

하나님, 어떻게 이런 일이 있어요?

어떻게 이럴 수가 있어요? 제 마음이 너무 아픕니다.

어떻게 사람이 이럴 수 있는지,

사람을 믿은 제가 너무 바보 같아요.

제가 하나님보다 사람을 더 의지한 것 같아 죄송합니다.

그런데 주님, 너무너무 마음이 아픕니다.

이것밖에 안 되는 사람을 제가 그렇게 믿었나 싶고

가슴이 무너지는 것만 같습니다.

내 사랑하는 딸아,

돈도 돈이지만, 사람에 대한 신뢰가 무너진

네 실망감과 좌절감을 안다.

'상대에게 내가 이 정도밖에 안 됐나? 내가 헛살았나?'

하는 스스로를 향한 깨어지는 마음도 내가 잘 안단다.

내 딸아, 그동안 네가 내 안에서 많이 깨지고

자신을 돌아보는 시간이 있었지.

나는 나의 딸이 자존심까지도 내려놓기를 원하노라.

자존심마저도 깨뜨리는 것이 네 마지막 관문이라.

그리고 나를 온전히 만나기를 원하노라.

네 자존심이 때로는 사람과의 관계를 서먹하게 하고

힘들게 할 수 있음을 알길 원하노라.

너는 늘 예수 그리스도의 형상대로 살고 싶다고 하지.

그럼 그 자존심마저도 내려놓거라.

자존심을 내려놓는다고 누구도 널 함부로 대하지 않는단다.

자존심을 내려놓을 때 나는 네 전부가 되어줄 것이고,

온전히 네 편이 될 것이고, 네 하나님이 되며 너를 높이리라.

너에게 자존심은 굉장히 큰 산과 같았다.

너는 이것마저 내려놓으면 큰일 나는 줄 알았지.

그러나 그것은 나와의 관계에 있어 큰 방해가 되었단다.

내 딸아, 마음에 평강을 얻으라.

네 자녀는 네가 걱정하지 않아도

너보다 훨씬 잘하고 있으니 걱정하지 마라.

그리고 이제부터 내 앞에 재물을 구해라.

내가 채우리라. 내가 너의 참 하나님이 되어주리라.

이제 나의 손을 잡거라

오십 대 여자 성도. 아기 때 아버지가 돌아가심. 이 기도를 받을 때는 어머니의 장례를 치르고 몇 달이 지난 시점으로 몸과 마음이 약해져 악한 영에게 공격받고 있는 상태.

그래도 삶이 살아지는구나. 이렇게 하루가 흘러가는구나.

사랑하는 엄마, 보고 싶어요. 그리워요.

엄마, 어디에 계세요? 천국에서 평안하세요?

엄마가 가끔 너무 그립고 사무치게 보고 싶어요.

나는요, 엄마가 생전에 말씀하신 믿음, 엄마의 신념,

엄마가 유언처럼 부탁하신 신앙생활을 열심히 할 거예요.

엄마, 나 지켜봐 주실 거죠?

거기서도 나를 위해 기도하고 계시죠?

내 딸아, 사랑한다. 잘하고 있다.

이제 네가 의지하는 곳이 내가 되기를 원하노라.

그 그리운 마음을 내가 왜 모르겠니?

그동안 나의 딸에게 엄마가 어떠한 존재였는지

잘 알고 있단다. 그런데 내 딸아,

이제 네가 잡고 있는 엄마의 끈을 놓아드려라.

네 마음을 내가 만지고 위로하기를 원하노라.

네 엄마의 아버지도 나고, 네 아버지도 나란다.

네 엄마의 위로자도 나고, 네 위로자도 나란다.

네 엄마도, 너도 다 나로부터 시작됐다는 걸 기억하거라.

내 딸아, 나의 손을 잡아라. 한 걸음씩 나와 함께 걸어가자.

그 길의 끝에 네가 그렇게도 찾는 엄마가 있을 것이라.

이제 그만 아파하고, 슬퍼하고, 나와 함께 새로운 인생을

계획하자꾸나. 내 딸은 가진 것이 많은 딸이라.

무한한 능력과 에너지와 지혜,

멋지게 살아갈 힘이 충분히 있단다.

상처에 눌려서 자신의 능력과 가능성을 억누르지 마라.

스스로 고개를 숙이지 마라. 내 딸이 내 안에서

회복되기만 하면 나는 나의 딸을 멋지게 쓰고 싶구나.

오직 나를 신뢰하며 기도해라

이십 대 대학생이면서 군인. 두 달 빠른 동기가 힘들게 해서 화가 치밀지만

스스로 다독이며 답답함에 한숨만 나오는 상태.

나쁜 새끼들, 지들이 뭔데 이래라저래라해.

지들이 무슨 여기 대장이야?

하나님, 힘을 주세요.

가슴이 답답합니다. 마음이 아픕니다.

어떻게 해야 할지 도무지 모르겠습니다.

내 사랑하는 아들아,

너의 숨을 세상을 향해 쉬지 말고 나를 향해 쉬어라.

너의 생각을 그들에게 맞추지 말고 나에게 초점을 맞추어라.

더 잘하려고 그들에게 너를 맞추려 하지 말아라.

오직 나를 신뢰하고 바라보며 기도해라.

엄마에게 이야기하듯 네 아픈 마음을 있는 그대로

나에게 이야기하고 쏟아놓거라.

내가 너에게 이길 힘을 줄 것이고, 길을 열리라.

나는 나의 아들이 그들에게 끌려다니지 않기를 원하노라.

네 생각을 말할 때는 단호하게 이야기하거라.

그들은 너의 연약함을 잘 알고 있단다.

정신을 똑바로 차리고, 지금 네게 주어진 시간을

세상을 경험하는 좋은 기회로 여기고

네 생활을 철저히 신경 쓰기를 원하노라.

군 생활이 힘들더라도 삶의 귀한 것을 깨닫는 시간으로

여기고, 항상 깨어 기도하며 긍정적인 생각을 하거라.

너 자신을 단련하는 시간이며 강해지는 시간이란다.

절대 네 마음을 나약하게 먹거나 무너뜨리지 말거라.

사람을 보지 말아라. 그들의 마음에 들기 위해

네 것을 맞추지 말고, 악한 영이 네 약한 마음에

자꾸 틈타지 못하게 해라. 너는 나에게 귀한 아들이란다.

네 삶에서 군대는 그저 스쳐 지나가는 작은 부분이다.

그러니 네 마음을 다른 것에 빼앗기지 말아라.

나의 아들아, 지금은 네 마음을 굳건히

단련시키는 시간임을 잊지 말아라.

너는 내 안에서 너 스스로를 사랑하고

지켜야 한다는 걸 명심해라. 강하고 담대해라.

우선 네 작아진 마음부터 추슬러라.

그들이 그러든지 말든지, 억울한 일이 있어도

네 마음이 늘 당당하기를 원하노라.

네 마음이 다치지 않기를 원하노라.

군대는 짧지만, 네 삶은 수십 년이라는 걸 잊지 말아라.

나는 나의 아들이 나를 찾는 시간이 더 많아지길 바란다.

"하나님, 도와주세요. 함께해 주세요. 길을 열어주세요."

이런 간단한 기도만 해도 괜찮다. 삶 가운데 나를 찾아다오.

나는 무엇이든지 할 수 있는 네 하나님이다.

내가 너의 기도를 들을 것이다.

네 상황과 여건을 바꿀 수 있는 존재가

나 여호와 하나님임을 잊지 말아라.

나와 함께 숨을 쉬자꾸나

오십 대 권사님. 자녀가 어릴 때 남편과 사별함. 가슴에 대못이 박힌 것처럼 큰 상처와 아픔으로 남아있음.

나는 모든 것이 어둠이었다. 어떻게 해야 할지,

무엇을 해야 할지, 아무것도 보이지 않았다.

지금도 아무것도 보이지 않는다.

시간이 많이 흘렀지만, 지금도 남편이 너무 그립다.

그 사람이 없는 삶을 나는 상상할 수도 없었다.

여전히 그 사람의 손길이 사무치게 그립다.

언제쯤이면 이 모든 삶의 고통에서 벗어나

그 사람을 만날 수 있을까?

어떻게 하면 채워지지 않는 빈자리를 채울 수 있을까?

생각하면 할수록 가슴이 미어진다.

그 사람을 내 삶에서 떨쳐버릴 수가 없다.

나의 딸아,

그 힘들고 험한 세월을 혼자 이겨내고 버티며,

삶의 무게를 견디기 힘들어 어찌할 바를 몰라 방황하며

눈물로 지새운 날들이 허다하다는 걸 내가 어찌 모르겠느냐.

찢어지는 가슴을 부여잡고 "하나님, 저는 어떻게 합니까?

어떻게 살아야 합니까? 숨을 쉴 수가 없습니다.

남편이 없는 삶을 상상할 수가 없습니다"라며

수도 없이 울부짖은 지난 세월을 내가 잘 안단다.

나의 딸아, 이제는 나와 함께 숨을 쉬자꾸나.

그 그리움을 내게 내려놓거라.

가슴 찢어지는 슬픔과 아픔도 나에게 내려놓아라.

나는 나의 딸이 더 이상 그리움에 매여 살길 원치 않는다.

악한 영이 너를 그리움에 가둬놓았구나.

여린 나뭇잎처럼 가련한 나의 딸이여,

네 약한 마음이 내 안에서 강해지도록 하자꾸나.

마음을 떨구지 말고 네 마음이 내게 향하기를 원하노라.

나는 나의 딸이 행복하길 원하고

사람들의 말에 매이지 않기를 원하노라.

세상의 말, 생각, 문화, 행동, 습관, 그 어떤 것에도

네 생각을 빼앗기지 않기를 원하노라.

내 안에서 자유함을 깨닫고 누리는 삶을 살거라.

내 안에서 강하고 담대해지자꾸나.

더 이상 악한 영이 네 생각을 지배하지 못하게 하거라.

내 안에서 자유하렴

해외의 젊은 남자 선교사님. 부교역자로서 사역 현장의 어려움이 있음.

하나님, 힘듭니다.

저는 제가 사랑하는 하나님을 전하고 싶고

그 사랑을 함께 나누며 누리고 싶고 은혜 가운데

하늘나라를 바라보며 함께 신앙생활을 하고 싶습니다.

그런데 왜 이리 쓸데없고, 무의미하고,

하나님이 아닌 다른 것에 집중해야 하는지

초점이 흐릿해서 싫습니다. 어찌하여 이런 곳에서

이렇게 실패와 좌절을 느끼며 사역을 해야 하는지,

왜 예수 그리스도의 복음의 향기가

흘러가지 못하는지 마음이 아프고 슬픕니다.

저를 향한 아버지 하나님의 마음을 더 깊이 알고 싶습니다.

저는 십자가 복음을 알리기 위해서 이 자리에 있는 건데,

그냥 흘러가는 대로 중요치 않은 것에 초점을 맞추며

예수님이 없는 목회를 하는 게 너무 힘들고 짜증이 납니다.

더 이상 이렇게 사는 것이 싫습니다.

늘 진실한 나의 아들.

한순간도 다른 곳에 한눈팔지 않고 내 앞에서

늘 진실하고 신실하게 살려고 애쓰는 나의 아들.

내가 너의 그 신실한 마음을 기억하노라.

나의 아들아, 사람은 완전하지 못하여 늘 실수하고

자신의 본성에 따라 움직이는 존재란다.

사람을 보고 실망하거나 지치지 말고

네 안에 살아 숨 쉬는 예수님으로 살거라.

너무 힘겹게 애쓰지 말고, 네 안에 나로 인한 자유함이

있기를 원하노라. 나는 내 아들의 삶의 무게가

너무 무겁지 않기를 원하노라.

나와 함께 호흡하는 삶이 얼마나 기쁜 삶인지

깨닫고 누리기를 원하노라.

나는 나의 아들이 행복하기를 원하노라.

사람들에게 치이지 않으며, 네 마음과 생각과

행동과 육체에 쉼이 있기를 원하노라.

나의 아들아, 이것저것 보지 말아라.

지금은 나를 아는 지식과 나와의 더 깊은 교제를 통해

나와 함께하는 자유함을 맛보거라.

원치 않는 사역을 하면서 매이고 묶이기를 바라지 않는다.

너의 무거운 마음을 내려놓아라.

나의 아들아, 부탁하노라. 내 안에서 자유하자꾸나.

네가 나를 신뢰하느냐?

사십 대 성도. 외국에 혼자 거주하며 재정난과 건강 문제로 마음의 어려움을
겪고 있음.

죽을 것 같다. 너무 힘들다.

이대로 가다간 정말 죽을 수도 있겠다.

몸과 마음이 지치고, 하루하루가 너무 버겁다.

정신을 차려보면 또 그 자리에 있다.

화가 나고 짜증이 나고 속상하다.

하나님, 저보고 어쩌라고요. 가도 가도 끝이 없고

나락으로 떨어지는 듯한 상황과 마음 때문에

너무 외롭고 무섭고 두렵습니다.

너의 두려움을 내려놓아라.

두려움을 넘어 공포스러운 네 마음을 다스려라.

정녕 너는 내 안에 거하기를 원하고 내 사람으로

서기를 원하느냐. 그러면 네 마음을 다스리고

인내와 감사로 나를 굳건히 붙잡고 서라.

바람에 흩날리는 갈대처럼

이리저리 흔들리며 마음을 잡지 못하니

악한 영이 네 마음에 불 일 듯이 요동치는구나.

악한 영이 네 마음을 자기 집처럼 편하게 즐기고 있구나.

그러면서 어찌 "하나님, 저한테 왜 이러세요"라고 하느냐.

네 마음부터 추스르고 두려움과 공포의 악한 영을 내쫓아라.

진정 네가 나를 신뢰하느냐? 왜 이리 마음을 지키지 못하고

악한 영이 제집 드나들 듯 점령하도록 놔두느냐.

내 앞에서 네 마음과 생각을 지켜라.

나를 아는 자, 나를 신뢰하는 자는 당장 답이 보이지 않는

상황에서도 인내함으로 나를 기대하고 기도하며

기쁨과 감사로 나아온다는 것을 잊지 말아라.

제발 부탁하노라. 나를 신뢰해라.

네가 나를 신뢰하지 않으면 나는 아무것도 할 수 없느니라.

악한 영이 네 삶에 들락날락하게 놔두고

네 마음을 지키지 못하면서 내게 불평하고 원망하지 말거라.

제발 그 마음을 지키거라.

네 우선순위는 무엇이냐?

육십 대 장로님. 똑똑하고 현실적인 분. 개인 사업을 시작했는데 불안한 마음
이 있음. 세상에서 인정받을 만한 사회적 지위와 안정감을 원함.

마음은 조급하지만, 조바심내지 말자.

그저 하나님께서 함께하시기를 기도하며 나아가자.

아직 눈에 보이는 성과가 뚜렷하진 않지만

난 할 수 있다. 분명 잘될 거다.

명예, 성공, 돈, 권위 등 세상 사람들이 추구하는 것은

다양하고 그 우선순위도 다르단다.

나의 아들아, 네게는 무엇이 우선순위니?

명예, 성공, 돈, 권위 같은 것들이니,

아니면 천지 만물의 주인인 나니?

나의 아들아, 네 생각과 마음을 일에만 집중하지 말거라.

일은 일, 하나님은 하나님으로 분리하지 말거라.

온 천지를 다스리고 주관하는 존재가

나 여호와 하나님이라는 것을 깨달아 알기를 원하노라.

네 힘과 노력과 애씀을 덮고도 남는 여호와 하나님을

바라보거라. 나의 아들이 자신의 지식과 생각으로

열심히 노력하면 돈이야 벌 수 있겠지.

내가 세상 법칙을 그렇게 만들었으니까.

그런데 나의 아들아, 네 생각을 내려놓고 내 힘을 의지하며

잠잠히 내 앞에 엎드려 내가 널 통해 이룰 일을 기도하거라.

그 일이 실제로 눈앞에 이루어지는 것을

감사함으로 바라보고 싶지 않니?

현실을 바라보지 말고, 네 모든 생각과 의지를 내려놓으며,
내가 너를 통해 이룰 일들을 기대하기를 원하노라.

나를 통해 가벼워지거라

스무 살이 된 선교사 자녀. 외국의 대학 입학을 앞두고 있음. 생각이 많고 쓸
쓸함과 눌림이 있어서 자신이 하고 싶은 걸 하지 못함. 겉으로는 웃고 있으나
그 이면에 외로움이 느껴짐. 자기만의 틀과 계획이 있음.

나는 한 번도 내 뜻대로, 내 마음대로,
내가 하고 싶은 대로 해본 적이 없다.
항상 부모님의 상황을 살펴야 했고 주위를 의식해야 했다.
늘 가난했고 심란했으며 나를 위한 삶을 살지 못했다.
나도 모르게 이런 삶은 내게 상처로 남았다.
불만과 결핍으로 늘 마음이 시원하지 않았고,
마음껏 할 수 있는 일이 없었기에 평생 참고 억누르며
살아야 했다. 그래서 때로는 답답하고 힘들었다.
나는 왜 이렇게 살아야 하나.

나의 딸아, 저 푸른 하늘을 바라보거라.
넓고 푸른 하늘을 바라보며 평안히 숨을 쉬어보렴.

늘 평안하지 않던 너의 삶, 여기저기 눈치 보며

마음을 누르고 살았던 너의 삶을 내가 안다.

나는 나의 딸이 내 안에서 평안과 자유함을 누리며

맑고 밝기를 원하노라.

나의 딸아, 네 삶을 무겁게 바라보지 말고

내가 주는 믿음 안에서 나를 통해 가벼워졌으면 좋겠구나.

너무 많이 생각하지도, 고민하지도 말아라.

네 나이에 맞게 네 삶을 바라봤으면 좋겠구나.

내가 주는 생각으로 네 마음이 가득하기를 원하노라.

나의 딸이 지금의 현실 상황을 염려한다고

해결되는 게 아니잖니. 네 근심과 걱정을 나에게 맡기거라.

네 머릿속을 무겁게 하지 말아라.

채우고 인도하시는 주님, 네 삶을 지키고 보호하시는 주님,

그분이 네 하나님이 되게 해라. 나는 너에게 친구 같은,

친밀하고 편안한 하나님이 되기를 원하노라.

인생의 답은
십자가에 있다

청년들에게 고함

하루는 한의원에 다녀오는 길에 하늘을 올려다보니 구름이 떠있었다. 갑자기 마음이 요동쳤다. 하나님이 너무 그리웠다. 사랑하는 사람이 하늘나라에 먼저 간 것처럼 주체할 수 없는 그리움이 밀려들었다. 그 자리에서 눈물을 흘리며 나지막이 고백했다.

"하나님, 너무 그립습니다. 그립고, 그립고, 그리워서 마음이 사무치게 아픕니다."

하나님은 내 절대적인 사랑의 대상이다. 나뿐 아니라 모두에게 그런 분이기를 바란다.

요즘 청년들을 보면서 하나님 앞에 이것저것 따지지 말고 좀 무식해져 봤으면 좋겠다는 생각을 한다. 청년들과 얘기해 보면, 뭘 조금 해보고 "못 하겠어요, 포기할래요", "하나님은 내 기도를 안 들으시나 봐요", "하나님은 사랑이시라는데 왜 제게 어려운 일만 허락하시는지 이해되지 않아요"라며 볼멘소리를 낸다. 이럴 때 목구멍까지 차오르는 말이 있다.

　"여태껏 네가 삶의 주인이 되어 네 맘대로 살아놓고 하나님을 탓하면 안 되지. 악한 영은 네가 어떻게든 하나님께 실망하고 쉽게 좌절해서 믿음을 잃고 하나님과 멀어지길 바란다는 걸 기억해야 해."

　많은 청년이 상처의 굴레 속에서 살아가고 있다. 상처에 묶여서 자신의 본래 형상을 잃고, 낮은 자존감으로 눌리거나 혈기와 분노를 주체하지 못하고 살아간다. 이것 역시 악한 영의 속임이다. 악한 영은 우리 안에 있는 상처를 빌미로 오랜 시간 우리의 영혼을 사로잡기 때문이다.

　청년들이 하나님의 치유하심을 경험하고, 하나님의 형상을 회복하길 기도한다. 무엇보다 하나님을 바로 알고 일어나 전진했으면 좋겠다. 포기하지 않는 기도, 끝까지 물고 늘어지는 기도, 마음을 다하는 기도를 드릴 때 하나님께서 신실하게 응답하신다는 걸 깨닫기를 바란다.

참된 신앙인 vs 종교인

청년들을 비롯해 이 책의 모든 독자에게 묻고 싶다.

"당신에게 예수님의 십자가란 무엇입니까? 당신은 예수 그리스도의 십자가를 경험했습니까?"

나의 답은 이렇다.

"예수님의 십자가는 제 인생의 해답입니다."

또 묻고 싶다.

"당신은 하나님과 올바른 관계 속에서 신앙생활을 하고 있습니까? 습관처럼 교회에 가고 있지는 않습니까?"

"교회를 떠나면 잘못될 것 같은 불안함과 두려움으로 몸만 교회에 있는 건 아닙니까?"

"복음을 체험하지 못하고, 율법적인 신앙생활을 하고 있지는 않습니까?"

"당신의 삶은 하나님 중심입니까, 나 중심입니까?"

'나 중심의 삶'이 죄라는 걸 아는가? 이는 내 안에 예수님이 계시지 않다는 뜻이다.

삶이 지치고 힘들 때, 자신이 세상 사람들과 똑같이 반응하는지, 아니면 하나님 앞에 더욱 엎드리는지 돌아보자. 경건의 모양만 가지고 교회에 다니는 건 아닌지, 내 삶의 진짜 주인이 누구인지 내면 깊은 곳을 들여다보라.

만일 예수님을 믿는다고 하면서도 불평불만, 근심 걱정, 염

려가 가득하다면 신앙을 점검해봐야 한다. 참된 신앙인은 그런 순간에 빨리 마음을 바꾸고 오직 기도와 간구로 하나님께 나아간다. 당신은 어느 쪽인가? 구원의 확신을 품고 살아가는 '기독교 신앙인'인가, 기독교를 하나의 종교로 선택한 '기독교 종교인'인가?

예수님이 없는 기독교, 십자가가 빠진 기독교, 예수님을 팔아서 자기 유익을 챙기는 기독교, 하나님의 사랑이 빠진 냉랭한 기독교는 참 기독교가 아니다.

경건의 모양은 있으나 경건의 능력은 부인하니
이 같은 자들에게서 네가 돌아서라 **딤후 3:5**

십자가 사랑을 경험하라

이 땅에서의 삶은 끝이 아니다. 천국과 지옥이 있다. 지옥은 절대 가서는 안 되는 곳이다. 아무리 이 땅에서 교회에 열심히 다녔어도, 심판 날에 예수님이 "난 널 모른다" 하시면 그때는 돌이킬 수 없다. 지옥은 한 번 가면 그걸로 끝이다. 견딜 수 없는 영원한 고통 속에서 살아야 한다.

먼 이야기처럼 들릴 수 있다. 지금 당장은 그 고통의 무게가 느껴지지 않기에 무딜 수 있다. 그러나 나중에 후회하지 말고 정신을 차려 지금, 자신의 신앙을 돌아보자.

　말로만 예수님을 믿는다고 천국에 가는 게 아니다. 진심으로 예수님을 자신의 구세주와 주인으로 영접해야 한다. 십자가 고난을 통해서 보이신 사랑을 경험하는 것은 굉장히 중요하다. 십자가는 나와 상관없는 옛날이야기가 아니다. 하나님을 믿는 사람이라면 선택이 아닌 필수과정이다. 그러니 아직 십자가의 예수님을 경험하지 못했다면 모든 기도 제목을 차치하고서라도 이것부터 기도하라.

　성경의 중심은 '예수님'이시다. 예수님의 삶의 중심은 십자가이며, 십자가의 중심은 "다 이루었다" 하신 예수님의 말씀이다. 예수님은 십자가에서 돌아가심으로 세상의 모든 죄, 곧 우리의 죄를 사하셨다. 하나님이 세상을 이처럼 사랑하사 독생자를 주신 것이다. 독생자 예수님은 우리를 사랑하셔서 십자가에서 돌아가셨다. 그러니 십자가의 사랑을 구하라. 그 사랑을 경험하라.

　십자가를 직면해야 내가 죄인임을 깨닫는다. 그 감당할 수 없는 사랑 앞에 나 자신이 작아진다. 하나님의 사랑이 아니면 나는 아무것도 아님을 알게 된다. 그래서 예수님을 믿는 사람은 십자가 외에 자랑할 것이 없다.

　참된 그리스도인은 예수 그리스도의 십자가를 경험하고 아버지의 영광이 드러나는 삶을 살아낸다. 하나님을 찾고 또